D0628649

L'OPTICIEN
DE LAMPEDUSA

Emma-Jane Kirby

L'OPTICIEN
DE LAMPEDUSA

Traduit de l'anglais
par Mathias Mézard

ÉQUATEURS

Pour mes parents et pour Denis.

PROLOGUE

Je ne sais comment vous décrire cette scène.
Lorsque notre bateau s'est approché de ce
vacarme. Je ne suis pas sûr d'y arriver. Vous ne
pouvez comprendre : vous n'y étiez pas. Vous ne
pouvez pas comprendre. On aurait dit des cris
de mouettes. Oui, c'est ça. Des mouettes qui se
chamailleraient autour d'une belle prise. Des
oiseaux. De simples oiseaux.

Nous sommes en pleine mer, après tout. Il
ne peut y avoir d'autre explication.

Jamais je n'ai vu autant de personnes dans
l'eau. Tant de corps se débattre, de mains
attraper le vide, de poings frapper l'air, de visages
noirs happés par les vagues avant de ressurgir à
la surface. Le souffle court, ils appellent,
s'étouffent, hurlent. Mon Dieu, ces cris stri-
dents ! Je vois la mer bouillonnante les enve-
lopper. Je les vois résister, les mains écartées,
serrés les uns contre les autres, cramponnés au

moindre morceau de bois, luttant à mort pour ne pas être engloutis. Ils crient. Ils sont partout. Là, là-bas, des centaines. Les bras tendus, ils crachent, hoquettent, s'ébrouent comme une meute suppliante. Et j'entends ma femme sangloter mon nom, sa voix assourdie par le bourdonnement du moteur dont l'hélice se fraie un chemin chaotique parmi les corps.

Ils se noient sous mes yeux et je n'ai qu'une question en tête : comment les sauver tous ?

Je ressens encore la pression de la première main que j'ai saisie. L'empreinte des doigts scellés aux miens, le frottement de l'os contre l'os, la contraction des muscles et le sang affluant dans les veines du poignet. La force de cette emprise ! Ma main soudée à celle d'un étranger par un lien plus puissant, plus intime qu'un cordon ombilical. Mon corps entier ébranlé lorsque j'ai hissé son torse nu hors de l'eau.

Ils sont trop nombreux. Beaucoup trop nombreux. Et je ne sais comment m'y prendre. Je ne suis qu'un opticien, pas un secouriste. Je suis un opticien et je suis en vacances. Je ne sais pas ce qu'il faut faire. Je ne sais pas comment on va s'en sortir.

Je lance la bouée, mais les naufragés sont dispersés sur un rayon de cinq cents mètres autour de nous. Je me penche, encore et encore. Tant de mains m'implorent entre les vagues, tant de mains se referment dans le vide. Mes doigts agrippent des doigts. J'empoigne, je tire.

Le bateau s'enfonce dans l'eau. On me crie quelque chose. Je ne peux m'arrêter. Il y a tant de mains. Le pont est plein à craquer de corps noirs vomissant et déféquant les uns sur les autres. L'embarcation proteste, gîte, prête à se retourner. Je sais qu'elle est hors de contrôle.

Là-bas ! Une autre main !

Je ne souhaitais pas raconter cette histoire. Je m'étais promis de ne jamais la raconter. Ce n'est pas un conte de fées. Ils étaient trop nombreux. Je voulais y retourner pour les sauver, tous. Je voulais y retourner.

Est-ce que vous pouvez comprendre ? Vous n'étiez pas à bord de ce bateau. J'y étais, moi. Je les voyais. Je les vois toujours. Car ce n'est pas fini.

I

L'opticien court. À chaque foulée, son pied soulève la poussière de la route craquelée et de fines
particules tourbillonnent autour de ses genoux.
Il y a peu de vent aujourd'hui, même le long
de la côte. Un souffle sec effleure son visage. Il
hume ces bouffées iodées. Il fait presque trop
chaud pour courir sous ce soleil d'automne.
Malgré l'air suffocant, rien ne l'arrête. La terre,
mêlée à sa transpiration, colle à ses jambes.

Il perçoit un aboiement du côté du port, à
l'entrée de la ville. Quelle que soit l'heure du
jour ou de la nuit, sur cette île, on entend des
chiens errants aboyer.

Loin des bars à *gelato* et *cappuccino*, loin des
boutiques de souvenirs du centre-ville, on pourrait facilement se croire en Afrique. L'opticien
dépasse un *dammuso* au toit blanchi, et plisse les
yeux. Il devine la côte africaine à l'horizon. La

Tunisie, voisine de Lampedusa, n'est-elle pas deux fois plus proche que la Sicile ?

Depuis vingt-cinq ans, il vit au milieu de ce paysage aride et désolé. Depuis vingt-cinq ans, il court sur ces terres escarpées, les mollets griffés par les épineux et maculés de poussière. La quiétude de l'île n'est pas comparable au chaos de Naples. Pourtant, l'opticien n'a jamais regretté d'avoir délaissé sa ville natale pour la solitude de Lampedusa. Elle ne s'étend que sur vingt kilomètres carrés, moins de la moitié de Naples, mais ici la mer est partout. Et l'opticien a besoin d'elle.

Il observe l'eau en foulant le sentier du sud de l'île. Des éclats cobalt et turquoise y affleurent. En ce premier jour d'octobre, il sait combien la mer peut être tiède et agréable. Ils nagent souvent jusqu'à la plage des Lapins, une crique paradisiaque où le sable blanc semble scintiller. L'été, l'extraordinaire tortue caouanne s'y installe pour pondre ses œufs. La Nature, aime à croire sa femme, sait que Lampedusa recueillera tout ce que les vagues lui offriront.

Les pieds de l'opticien martèlent le sol. La chaleur fait saillir une veine au-dessus de son oreille droite. Il sent les pulsations jusqu'à l'intérieur de son crâne chauve. Il aime repousser ses limites, mettre son corps à l'épreuve. Bien des années plus tôt, il avait goûté à la discipline de l'effort imposée par le service militaire. À l'approche de la soixantaine, hors de question de se laisser aller.

Un adolescent le dépasse en trombe sur un vieux scooter. Le moteur pétarade et brise le silence. Le jeune homme slalome vainement, laissant des traces dans la poussière. Ici, le soir, les gamins n'ont pas grand-chose à faire – une poignée de bars, une minuscule boîte de nuit avec un karaoké. À la fin de ses études, ses parents redoutaient de le voir errer dans Naples et s'attirer des ennuis. Aussi l'avaient-ils envoyé dans une école de couture. Très vite, sa rigueur et sa précision furent remarquées. À l'époque déjà, il savait qu'il ne serait pas satisfait de ce métier et nourrissait l'ambition secrète de devenir opticien. Une curieuse passion pour un jeune homme, il est vrai. Mais il avait toujours été fasciné par le sens de la vue.

Un petit groupe d'Africains marche le long de la route qui mène en ville. Tout en s'approchant d'eux, l'opticien s'interroge : sont-ils arrivés sur l'île le matin même ? Désormais, presque quotidiennement, des bus quittent le port, remplis de migrants tout juste débarqués. On les voit souvent près du supermarché, en face de sa boutique, ou devant l'église. Peut-être sont-ils chrétiens. De quel pays viennent-ils ? Des voisins font la quête et collectent de la nourriture ou des vêtements à leur intention. Une femme, probablement attachée à la paroisse, est passée ce matin lui demander s'il avait des vêtements ou des chaussures à donner. Noyé dans sa paperasse, l'opticien n'a pas trouvé le temps de lui répondre. Il paraît que le centre pour migrants est encore débordé. Cela explique qu'ils soient si nombreux à errer sur l'île.

C'est dingue, pense-t-il, qu'ils débarquent ici alors que cette terre n'a rien à leur offrir. Ces dernières années, il a failli mettre la clé sous la porte à plusieurs reprises. Combien de nuits blanches passées dans la tourmente avec Teresa ? Il respire profondément. Le fruit de tous ses efforts, menacé ! Il sent les battements de son cœur s'accélérer au même rythme que sa colère. La mairie ne cesse d'augmenter les charges, au point que les commerçants sont étouffés par les taxes, les frais, les redevances et Dieu sait quoi encore ! L'administration le harcèle pour lui réclamer de l'argent.

Le soleil déclinant l'éblouit. Des éclats rouges, verts et or scintillent dès qu'il cligne des yeux. Il met sa main en visière pour ne pas être aveuglé. Il aurait dû prendre ses lunettes. Les rayons de lumière chatoient dans ses pupilles.

Il s'inquiète pour ses deux fils. Il aimerait les soutenir. Comment trouveront-ils des emplois stables dans cette déroute économique ? Ce sont de bons gars, intelligents, travailleurs. Le plus âgé veut monter un commerce. Il a l'âme d'un entrepreneur celui-là, mais c'est risqué, évidemment. Être son propre patron n'est jamais sans difficultés, l'opticien est bien placé pour le savoir.

Aujourd'hui, l'idée de travailler pour quelqu'un lui semble inconcevable. Son regard balaie l'horizon de gauche à droite. Être libre, gérer son temps et son petit monde, il n'en demande pas davantage. On ne peut pas dire qu'il ne met pas de cœur à l'ouvrage, il travaille dur toute la semaine, s'acharne à développer son commerce. Sa récompense est simple, pense-t-il en tournant la tête vers la mer.

Les mouettes crient, l'opticien lève les yeux. Elles tournoient, groupées au-dessus de la côte dans l'attente du dernier chalutier, avides de s'emparer des restes. S'il calcule bien son temps de course, il sera de retour au port pour l'arrivée des pêcheurs et pourra choisir son poisson pour le dîner.

En dépassant de jeunes Africains accroupis au bord de la route, leur téléphone portable à la main, l'opticien les salue d'un signe de tête.

Derrière eux, les broussailles sont jonchées de détritus, de morceaux de bâches en plastique bleu et de vieux emballages.

Vingt ans plus tôt, quand il arpentait les routes de l'île, l'opticien repérait de temps à autre un homme effrayé, escaladant péniblement la pente rocailleuse. À l'époque, ils débarquaient généralement seuls et lui criaient en anglais : « Où est-on ? Suis-je arrivé à Palerme ? C'est la Sicile ? »

Il secoue la tête, dubitatif. Cela lui paraît loin maintenant. Depuis le « Printemps arabe », ils n'arrivent plus jamais seuls. Des bateaux surchargés débarquent sans interruption : des familles entières, des femmes, des enfants aussi. Déjà, il y a quelques années, les journaux annonçaient que Lampedusa comptait plus de réfugiés que d'habitants ! La peau de son front se plisse. Mieux vaut ne pas trop y penser. La télévision et les journaux sont saturés de nouvelles sur les migrants. Ils ne parlent que de ça ! L'autre jour encore, il a entendu la radio signaler un nouveau naufrage au large de la Sicile. Sept ou huit personnes apparemment.

Il ralentit sa foulée pour laisser un chat traverser la route et se lover dans des buissons couverts d'épines. S'il était venu s'installer ici, c'était bien pour fuir quelque chose. Le Naples des années quatre-vingt n'était qu'un tissu de discours démagogues à vous ôter toute foi politique. Alors que cette petite île semblait l'endroit idéal pour bâtir une vie nouvelle et lui donner du sens. Comment ne pas tomber sous le charme de ses plages idylliques, de ses falaises blanches, de la dureté sèche, puissante et sauvage du nord de l'île ?

Un éclat de rire retentit. Deux hommes d'âge moyen, équipés de jumelles et d'appareils photo flambant neufs, surgissent devant lui. Ils parlent en italien mais n'ont pas l'accent d'ici. Encore des ornithologues amateurs venus de Milan, comme la plupart des touristes de l'île d'ailleurs !

La saison touche à sa fin et les touristes se font plus rares, d'autant que l'été a été particulièrement calme. Les migrants, pense-t-il, n'attirent pas les vacanciers. Cette année, nombre d'entre eux ont préféré la Sardaigne à Lampedusa. Parmi ses amis, ceux qui travaillent dans l'hôtellerie et la restauration se plaignent de la forte baisse des recettes. Heureusement, son commerce à lui ne dépend pas du tourisme.

À l'entrée du cimetière, il croise un îlien aux cheveux grisonnants. Vêtu d'un polo bleu vif, le vieil homme enfonce sa perceuse dans un bloc de ciment qui crache des étincelles au gré de ses efforts. Le regard attiré par les dernières lueurs du crépuscule se reflétant dans les croix des mausolées, l'opticien se demande ce qu'il peut bien construire.

Dès demain, il s'offrira quelques jours de congés pour naviguer avec sa femme et leurs amis. Cette pause lui fera du bien. Il cessera un temps de se faire du souci pour ses comptes et l'avenir des enfants. Simplement contempler la mer et se laisser bercer. L'opticien lève les yeux vers le ciel sans nuages. Le temps est prometteur.

Francesco a passé la matinée à astiquer la coque bleu roi et rouge brique du *Galata*. L'opticien a raillé gentiment son ami, inquiet à l'idée que l'on salisse la peinture blanche de la timonerie. Sacré Francesco ! Qu'est-ce qu'ils ont pu rire sur ce bateau ! Francesco l'a toujours choyé comme s'il s'agissait d'un yacht de luxe alors que ce n'est qu'un banal rafiot en bois rafistolé de quinze mètres de long.

Devant la poissonnerie du port, c'est déjà la cohue. Des thons rouges, des sardines au ventre rond et d'énormes espadons sont présentés sur des plateaux de glace pilée. Un employé aide le dernier pêcheur à décharger des calamars dont les tentacules violets et visqueux débordent de la caisse. Un ultime effort pour atteindre le sommet de la colline et son petit appartement situé Via Roma, au-dessus du magasin. Sur sa gauche, il dépasse un parking où sont échouées les carcasses des bateaux qui ont amené les migrants depuis la Libye jusqu'à Lampedusa. Elles reposent maladroitement sur le flanc, la coque brisée, le bois boursouflé de chatoyantes peintures turquoise et sang-de-bœuf.

Mais l'opticien a d'autres choses en tête. Il a faim et veut se doucher avant de retourner au port. Il doit aussi téléphoner à son ami Matteo pour se répartir les provisions à emporter sur le bateau et décider de qui apportera le vin. L'excursion s'annonce superbe !

Si le vent s'était soudainement levé cette nuit-là, comme cela arrive si souvent à Lampedusa, s'il avait plaqué les barques contre la jetée et déchaîné les vagues, l'opticien n'aurait jamais embarqué à bord du bateau de son ami. Ils n'auraient pas largué les amarres. Ils auraient remis l'expédition à un autre jour et seraient sortis pour un *aperitivo*. Il aurait été déçu, agacé peut-être. Le lendemain matin, lorsqu'un de ses clients aurait poliment demandé de ses nouvelles, il aurait haussé les épaules et répondu franchement qu'il n'avait pas grand-chose à raconter.

Mais le vent ne s'est pas levé. Et l'opticien a pris la mer.

2

En entrant dans sa boutique, l'opticien s'irrite de voir la porte menant à son appartement grande ouverte. Il déteste mêler travail et vie privée. Les clients, eux, adorent fourrer leur nez partout, ils en profitent d'ailleurs dès que Teresa descend. S'ils entendent la porte s'entrebâiller, ils cherchent aussitôt à épier leur intérieur. C'est exaspérant, vraiment. Il n'a jamais compris le voyeurisme des gens pour la vie des autres.

Refermant la porte derrière lui, l'opticien monte rapidement l'escalier et trouve Teresa dans le salon, plongée dans un magazine.

« La porte était de nouveau ouverte », dit-il d'une voix agacée. Elle sourit vaguement, lève à peine les yeux de sa lecture.

« C'est vrai, chéri ? demande-t-elle d'un air ingénu, en jouant avec ses épaisses boucles blondes. C'est possible. »

Le soleil a chauffé le salon toute la journée et

Teresa a ouvert la fenêtre. La brise a soulevé les pages du livre qu'il lisait la veille. Il le prend et l'aplatit entre les paumes de ses mains, passe son pouce sur le dos de l'ouvrage puis le range dans la bibliothèque en bois patiné. Il faudra bientôt renouveler tous ces meubles, se dit-il. Ils ont l'air fatigués et, à la lumière du jour, des rayures apparaissent plus vivement encore sur le verre de la table basse.

Sa femme a eu raison d'insister pour repeindre l'appartement en blanc l'année dernière. Au départ, le peintre n'était venu que pour le magasin. Non seulement le blanc donne un effet de propre à la pièce, mais il la rend aussi plus spacieuse qu'elle ne l'est en réalité.

« Je vais aller chercher des sardines pour le dîner, lance-t-il à sa femme qui a le dos tourné. J'ai vu le bateau arriver. »

Teresa lui répond en fronçant le nez : « Tu ne vas pas te doucher, chéri ? »

Sous la douche, il songe déjà à ce qu'il va mettre dans son sac pour leur expédition du lendemain. Son vieux short de bain vert ? En bateau, il faut des vêtements qui ne craignent rien. Lors de sa dernière virée en mer avec Francesco cet été, il a déchiré son coupe-vent sur le coin de table de la cabine. Depuis, il l'a soigneusement raccommodé. La poche semble intacte, mais le simple souvenir de cet accroc dans le tissu l'irrite encore aujourd'hui. Il emportera aussi sa paire de fausses Converse achetée au marché de Naples. Ce ne sera pas un drame si le sel les abîme. Il se réjouit de savoir que Matteo a payé les siennes soixante euros, alors qu'il n'en a déboursé que quinze pour les mêmes. Quand il repense à la tête de son ami ! Après les avoir examinées sous toutes les coutures, vérifié les semelles, frotté la languette en coton entre son pouce et son index, Matteo jura qu'on ne l'y reprendrait plus. L'opticien glousse en laissant l'eau couler sur son dos. Ça lui a donné à réfléchir, au jeunot ! Et, au fond, il n'est pas désagréable parfois de prodiguer quelques combines de vieux lascar.

Non pas que Matteo soit un jouvenceau – sa quarantaine n'est déjà plus qu'un souvenir –, mais il taquine souvent l'opticien sur ses soixante ans à venir, et cela ne lui plaît que modérément. L'effronté se permet même de donner du « grand-père » à Francesco !

Il observe son reflet dans le miroir tout en se séchant. Pour son âge, il n'est pas en mauvaise forme. Pas un morceau de gras, le ventre plat sans l'ombre d'une bedaine. Il gonfle ses pectoraux, regarde ses muscles se dessiner. Ce n'est pas par vanité qu'il fait de l'exercice. C'est une question de principe, il refuse de se laisser aller. La discipline. On ne va nulle part dans la vie sans discipline. Il n'a eu cesse de répéter cet adage à ses fils au début de leur adolescence, alors qu'ils passaient leur temps affalés, des écouteurs vissés aux oreilles comme des zombies. Ce n'est pourtant pas compliqué : de la discipline et du travail. C'est indispensable si vous voulez avancer dans la vie, disait-il à ses fils qui levaient les yeux au ciel en faisant mine de s'endormir d'ennui. Pourtant, le message a fini par passer. Aujourd'hui, il est fier de ses deux fils. Il est fier mais bien élevé, aussi s'efforce-t-il de ne pas trop le montrer.

Un sac en toile est posé sur le lit. Apparemment, Teresa a déjà préparé ses affaires. Il faudra lui rappeler d'emporter une polaire ou un pull chaud. Aujourd'hui le soleil brille, mais les vents d'octobre sont capricieux. Lui s'occupera de son sac demain. Pour le moment, il faut vite descendre au port pour mettre la main sur ces sardines avant qu'elles ne disparaissent. En revanche, pas question de se faire refourguer les dernières de l'étal. Il suspecte en effet le poissonnier d'ajouter quelques sardines de la veille quand il est à court. Le poisson, c'est sa partie. Teresa ne discerne jamais si les sardines ont l'air sèches ou fatiguées. Elle fait confiance à tout le monde aveuglément.

Il attrape sur le lit la chemise blanche qu'il portait ce matin. Ça fera l'affaire pour griller le poisson ce soir. Le téléphone sonne. Au rire de sa femme, il devine que c'est Maria au bout du fil. Ces deux-là, alors ! Inséparables ! Teresa l'appelle du salon : « Maria propose de sortir ce soir pour fêter le début des vacances. Giulia vient aussi, avec Gabriele. On les rejoint ? »

Il consulte sa montre. Il pourrait encore essayer d'aller chez le poissonnier, mais c'est risqué. Il déteste changer ses plans. Allez, soit ! Teresa sera contente, et cela permettra de décider qui apporte quoi demain, plutôt que de s'envoyer des messages tous azimuts. Et puis il a encore une petite heure devant lui pour mettre de l'ordre dans la boutique avant ces petites vacances.

« D'accord ! crie-t-il à travers la porte. Mais pas dans cet endroit horrible où Gabriele nous a emmenés la semaine dernière – les néons là-bas sont insupportables ! »

Avant de descendre, il troque sa chemise blanche pour une propre, noire, prise sur le crochet derrière la porte de la chambre à coucher. Elle sent la lavande et Teresa.

En haut des escaliers, il s'étire. Il adore faire craquer ses articulations. Il faudra d'ailleurs qu'il s'occupe de son dos un de ces jours. C'est un des risques du métier. Un opticien passe la moitié de ses journées penché sur son rétinoscope ou son ophtalmoscope, l'autre moitié au-dessus d'un bureau à remplir de la paperasse.

Teresa a disposé de grandes fleurs de tournesol en papier dans le vase derrière le comptoir. Il s'étonne de ne pas les avoir remarquées plus tôt. Sceptique, il les observe : ne sont-elles pas un peu criardes ? Non, réflexion faite, Teresa a raison. Ce jaune vif et radieux donne au lieu une touche chaleureuse, lui enlève son côté aseptisé. L'automne arrive à grands pas à Lampedusa. Le temps virera au gris, le ciel se chargera d'épais nuages. Quelques artifices ne seront pas de trop pour attirer les clients et écouler le stock de lunettes de soleil de la saison dernière.

Il consulte l'agenda et repère un nom surligné en rose à la date de mercredi. Mme Maggiorani. Ah, oui ! Elle apprécie toujours un appel de courtoisie pour mémoire la veille de son rendez-vous. Ce que les gens peuvent être désordonnés ! L'opticien, lui, dresse des listes. Chaque jour, il établit soigneusement un inventaire des choses à faire, chaque soir il coche ce qu'il a accompli.

Rapidement, il parcourt le courrier et vérifie que Teresa n'a rien oublié d'important. Il trouve la lettre de remerciements dont elle lui a parlé ce midi. Une vieille dame de Turin. Il s'était occupé d'elle début septembre. En visite pour une fête de famille, elle avait laissé tomber ses lunettes d'un balcon, et était venue le voir, désespérée. Il lui avait fallu quelques jours pour les réparer, aussi lui avait-il prêté une paire pour la dépanner. Désemparée devant son refus d'être payé, elle lui écrivait pour le remercier. Ce n'est pas souvent qu'on entend dire d'un Napolitain qu'il est honnête !

Son métier suppose une relation de confiance. Il se crée une sorte d'intimité quand on regarde à l'intérieur du globe oculaire d'un client, les visages se touchent presque. Au début de ses études, son père craignait que sa timidité rendît difficile ce contact avec des inconnus. En fait, il a tout de suite su se montrer poli tout en conservant une certaine distance. À travers une rétine, des vaisseaux sanguins et un nerf optique, c'est tout l'être que l'on perçoit. Curieusement, ces dernières années, Teresa lui a souvent fait remarquer qu'il avait tendance à fixer les gens du regard. Même quand ils sont entre amis, elle le surprend à les regarder comme des clients dont il inspecterait le globe oculaire. Une déformation professionnelle, sans doute. Une habitude. Quand elle s'en aperçoit, elle lui donne un petit coup sous la table. Cela met les gens mal à l'aise, lui répète- t-elle. Ce n'est pas une façon de regarder ses amis, comme s'il les examinait au microscope !

Que lui reste-t-il à faire ? Il vérifie la vitrine où sont alignées les lentilles de contact et les solutions d'entretien. Tout est bien rangé sauf une bouteille de solution saline pour les produits perméables au gaz. Comment a-t-elle pu arriver là ? Il fronce les sourcils et arrange de nouveau l'étagère.

« C'est l'heure d'y aller ! » lance Teresa en descendant l'escalier, parée de son long collier en argent, celui qu'il préfère et dont les mailles se chevauchent. Elle joue toujours avec quand quelque chose la tracasse. Ses cheveux blonds tombent délicatement sur ses épaules, aussi épais et rayonnants que lorsqu'il l'a rencontrée, belle écolière de quatorze ans.

« Maria a réservé une table dans le restaurant qui donne sur le port », annonce-t-elle. Il ouvre la bouche pour répondre. « Celui que tu aimes bien », ajoute-t-elle en le prenant par le bras.

Avant d'éteindre les lumières du magasin, l'opticien déplace de quelques centimètres l'un des présentoirs à lunettes de soleil, afin qu'il soit parfaitement symétrique à celui d'en face. Leur boutique est située dans la rue commerçante de Lampedusa. La nuit tombée, les lampadaires éclairent les dalles grises de l'avenue piétonne. C'est le seul endroit de l'île pour la *passeggiata*.

En centre-ville, les bâtiments serrés les uns contre les autres ne dépassent pas deux ou trois étages. On distingue aisément les façades traditionnelles couleur miel, comme le calcaire de la côte, des immeubles plus modernes aux teintes citron, jaune soufre ou moutarde. En sortant de la Via Roma, les rues deviennent plus étroites et moins propres. L'opticien ne sait jamais si les immeubles devant lesquels il passe sont en travaux ou bien déjà abandonnés tant l'île semble animée d'une incessante activité de construction. Tandis qu'ils descendent la route du port, une voisine passe la tête entre deux draps suspendus au-dessus de son balcon pour leur souhaiter une bonne soirée.

La saison touche à sa fin, pourtant le restaurant est plein. Ils ont de la chance qu'il reste une table. L'opticien s'assied à côté de Giulia qui, comme à son habitude, lutte pour calmer les ardeurs de ses cheveux frisés en les attachant tant bien que mal avec un élastique. Un juron lui échappe lorsqu'une de ses longues boucles d'oreilles en forme de tortue se coince dans sa coiffure. Il lui trouve l'air fatigué. C'est une période de l'année chargée pour elle et Gabriele. Ils doivent ranger tous les accessoires de plage, inventorier les stocks à vendre et trier ce qu'ils veulent garder pour la réouverture en mars. S'ils rouvrent en mars, marmonne-t-elle d'une voix maussade. Les loyers sur les commerces s'envolent tellement vite qu'il faudrait être millionnaire pour arriver à suivre ! L'opticien n'est pas loin de partager son avis.

« Où est le vin ? » demande Maria en cherchant le serveur du regard. Gabriele a commandé un vin rouge de Sicile, mais l'opticien, sceptique, a souhaité le goûter d'abord. Maria raconte qu'elle prépare la fermeture de sa boutique de maillots de bain pour rentrer à Catane passer l'hiver. Elle propose aux amies de passer la voir dans les prochaines semaines pour choisir une tenue avant qu'elle ne les vende toutes. L'opticien reconnaît soudain l'écharpe dorée de Maria, tricotée en mailles épaisses : c'est celle que Teresa lui a montrée dans une vitrine la semaine dernière.

L'opticien raille affectueusement Gabriele qui tient son menu à bout de bras en plissant les yeux pour déchiffrer ce qui leur est proposé.

« Reconnais que tu es aussi vieux que nous ! le taquine Maria.

— Va donc consulter notre vieux déplumé ici présent ! Qu'il pare tes beaux yeux d'une paire de lunettes adaptées ! » s'exclame un autre.

Gabriele est un type sérieux, et son front bombé ne fait que renforcer cette impression. Teresa dit que c'est un ami sur qui on peut compter. Et elle a raison. S'il doit s'absenter deux jours pour une mission en Sicile ou à Naples, l'opticien sait que Gabriele passera voir Teresa pour s'assurer que tout va bien.

« Le vin rouge est trop clair, il manque de corps et de générosité », maugrée l'opticien.

Les femmes admirent la nouvelle mèche blonde d'Elena. « Moins comptable, plus Lampedusa ! » dit-elle en plaisantant et en repoussant ses cheveux bruns en arrière. Elle fait la moue et peste à l'idée d'abandonner le soleil et l'immense ciel bleu de l'île pour s'enfermer tout l'hiver dans son cabinet au nord de l'Italie.

Teresa et l'opticien passent leur tour sur le *primo piatto,* attentifs à ne pas manger trop de féculents le soir. Tandis que le serveur apporte deux poissons sur un plateau, l'opticien inspecte la dorade et l'espadon, pose des questions précises. Où ont-ils été pêchés ? Quand ? Il écoute les réponses en scrutant le visage transpirant du jeune homme. Gênée, Teresa lui donne une petite tape sur sa veste. L'opticien opte finalement pour la dorade car les yeux de l'espadon ont l'air laiteux.

Giulia échange un regard complice avec Teresa qui glousse derrière sa serviette.

« Comment fait-elle pour te supporter ? se moque Giulia. Monsieur Méticuleux ! »

Il lève les mains au ciel, feignant d'être vexé.

Matteo doit lui aussi retourner sur le continent prochainement, leur annonce Maria tandis qu'ils entament le poisson. Poisson qui, soit dit en passant, est délicieux : tous sont contraints d'admettre qu'il a fait le bon choix. L'année a été mauvaise pour Matteo. Il a du mal à trouver un travail. Francesco, lui, a reçu un appel de l'atelier ce matin. Ses talents de charpentier sont requis à Milan avant la fin du mois, beaucoup plus tôt qu'il ne l'aurait souhaité. Sa fille sera obligée de gérer seule le magasin pendant un moment. Ils expriment leur empathie. Personne n'aime quitter l'île.

L'opticien sort sa blague à tabac et roule une cigarette. Une après le repas, c'est tout ce qu'il s'autorise. Juste une. Il s'excuse et sort de table.

Dehors, toujours pas le moindre signe de vent. L'air reste chaud, même s'il perd peu à peu son parfum d'été si particulier. Le tintement des bateaux retentit doucement, la mer remue leurs chaînes. Il pense au *Galata* qui les attend, quelque part dans la pénombre. Il consultera la météo en rentrant. Il sait que Francesco l'a déjà fait, mais on n'est jamais trop prudent. Un vent aussi chaud et léger peut être un signe avant-coureur du perfide sirocco. Ce vent naît au fond du Sahara, prend de la vitesse en traversant la Libye, rugit en déboulant sur la Méditerranée et déchaîne toute sa violence sur Lampedusa et la Sicile. L'arrivée du sirocco annonce généralement le début de l'automne et chasse la moitié des habitants qui préfèrent passer l'hiver sur le continent.

L'opticien écrase sa cigarette. Une étrange période, ce mois d'octobre. C'est le début de la fin, en quelque sorte.

3

L'opticien de Lampedusa s'étire sur sa couchette. Les premiers rayons du soleil caressent
son visage, le sortant agréablement de sa torpeur.
Une houle régulière accompagne son réveil. Il
est en vacances : personne aujourd'hui ne vien-
dra l'importuner pour des montures cassées ni
se plaindre de lentilles rayées. Il soupire d'aise.
Quel calme ! À bord, tout le monde dort encore.
Il fait chauffer l'eau du café aux cris des premières mouettes.

Sur le pont, l'opticien frémit dans la fraîcheur de la rosée. Il serre sa tasse de café entre
ses mains, remonte la fermeture éclair de son
imperméable en regardant le jour pointer à l'horizon. Le vent trouble à peine la surface de l'eau.
Le soleil, peu à peu, réchauffe l'air et chasse les
quelques nuages importuns. La matinée s'annonce idéale pour une croisière et une partie de
pêche. Il ressent toujours un plaisir enfantin à

être en mer. À se laisser griser par son immensité, son air vivifiant.

Ce qu'ils ont ri la veille ! Avec le vieux Francesco métamorphosé en conteur après un verre ou deux, sa queue-de-cheval durcie par le sel lui donnant un air de vedette de western. Matteo se faisait une joie de lui donner prestement la repartie. Pauvre Gabriele qui a dû les supporter toute la journée ! Pour une fois, l'opticien et ses manies pointilleuses n'ont pas été la cible de toutes les blagues. Gabriele fulminait de rester bredouille, lui qui se considère comme le seul « vrai » pêcheur du groupe. Combien de fois a-t-il mouliné pour vérifier l'appât, puis soupiré de dépit en relançant sa ligne ? Posté de l'autre côté du pont, il ne s'est pas douté que Matteo lui jouait un tour en balançant chaque fois le même poisson dans le seau. Agacé, Gabriele a commencé à sortir de ses gonds sous les regards hilares de Maria et Teresa.

Quel bonheur de voir Teresa se laisser aller ainsi ! Elle qui s'inquiétait pour un rien se détendait enfin ! Toujours aux petits soins pour les autres, attentive à ce que nul ne se sente exclu, Maria a mis fin à la duperie, ne supportant plus de les voir ridiculiser Gabriele plus longtemps.

Celui-ci a pris la mouche. Sautant sur le dos de Matteo, il l'a plaqué au sol, faisant mine de

lui jeter un poisson au visage. À force de se cha-
mailler et de s'accrocher, ils se sont retrouvés au
niveau de la poupe et ont glissé dans l'eau. Giulia les a filmés avec son téléphone, mais elle riait
tant que l'image est floue.

Ils ont tous fini à l'eau. L'un après l'autre, ils
ont plongé, criant et s'éclaboussant comme des
enfants. Ils ont profité du soleil couchant jusqu'à
ses dernières lueurs. La fraîcheur de l'automne
ne se ressent pas dans une eau à vingt et un
degrés. En s'y baignant, l'opticien aurait pu se
croire en plein été. Qu'avait dit Elena en se laissant flotter à ses côtés, le visage auréolé de ses
longs cheveux bruns ? Que nager en octobre
était comme une renaissance. Qu'après de telles
baignades on pouvait attaquer l'hiver en toute
sérénité.

Il était resté un moment seul dans l'eau,
après que les autres furent remontés se sécher. Il
savourait la chaleur de la fin de journée, laissait la
houle porter son corps. L'eau immobile l'ac-
cueillait avec délice. En commençant à nager,
l'idée le traversa qu'il était violent de briser ainsi
la surface cristalline de ses maladroits battements de jambes. Aussi a-t-il bougé lentement,
comme s'il avançait dans la nuit sur la pointe
des pieds.

Quelle gratitude il éprouve dans ces moments-là. La mer le transporte, lui permet d'éclaircir ses idées, d'aller de l'avant et de l'apaiser. Même si, pense-t-il un brin agacé, tout cela serait encore plus beau si ces fichues mouettes pouvaient baisser d'un ton !

Son café est presque froid. Il le termine et hésite un moment. Il pourrait se resservir. Ou simplement profiter de ces dernières minutes de solitude avant que les autres ne le rejoignent sur le pont. Il entend déjà quelqu'un s'agiter dans la cabine. Il décrit de lents cercles de la tête pour faire craquer son cou. Il a bien mérité ces vacances, et compte bien profiter de chaque instant.

Mais quelque chose le tracasse. Comme si ces cris de mouettes l'irritaient soudain. Maudits oiseaux ! Jamais contents, toujours à geindre, à chicaner, à se quereller. Un frisson désagréable parcourt sa peau.

Matteo monte sur le pont, son torse nu couvert de tatouages et la barbe emmêlée. Il lève un doigt mouillé vers le ciel, si concentré qu'il omet de saluer son ami.

« Tu entends ? demande-t-il vivement à l'opticien. Il y a quelque chose là-bas. »

L'opticien écoute avec attention. « Ce sont des mouettes, non ? Juste des cris de mouettes. »

Gabriele et Francesco les rejoignent. « On dirait qu'on pousse des cris, confirme lentement

Gabriele. Mais je ne crois pas que ce soient des mouettes. Qu'en penses-tu, Francesco ? »

Francesco se tient au plat-bord, l'oreille tendue comme s'il cherchait le nom de ces oiseaux assourdissants.

De longues minutes il garde les yeux fixés sur les faibles remous au loin. Les femmes arrivent à leur tour et font gîter légèrement l'embarcation. Les vagues clapotent contre la coque du bateau. L'étrange miaulement des mouettes se perd pendant quelques secondes. La mer se tait, immobile. Mais, un instant plus tard, le vent renaît, chargé de ces cris surnaturels, comme une meute qui hurlerait d'une seule voix. L'opticien frissonne malgré lui.

« Qu'est-ce que c'est ? chuchote-t-il. C'est quoi, là-bas ? »

Ses yeux balaient nerveusement les alentours. À part ces hurlements sinistres qu'on entend par intermittence, ils sont seuls.

Francesco a déjà démarré le moteur.

Les hommes lèvent l'ancre pendant que les femmes se rassemblent sur le pont.

« Qu'est-ce qui se passe ? D'où vient ce bruit horrible ? » Teresa est paniquée. Elle perd vite ses moyens dans une situation critique. À cinquante ans, elle a encore cet air candide qui la rend attachante et invite ceux qui la rencontrent à la protéger. L'opticien craint parfois que sa constante gentillesse ne la rende vulnérable. Elle doit s'endurcir.

« On s'en charge, assure-t-il aussi calmement que possible.

— Mais on dirait qu'il y a quelque chose… quelque chose qui souffre, insiste-t-elle. On entend sa douleur. » Remontant le col de son coupe-vent, Teresa l'implore du regard.

« On s'en occupe ! » répond fermement l'opticien.

À l'avant du bateau, Teresa, Maria et Elena guettent la surface de l'eau. Libéré de son ancre, le *Galata* se fraie un chemin pour sortir de la baie. À mesure qu'il avance en pleine mer, les vagues grossissent. Par un réflexe de marin, l'opticien consulte sa montre – il est un peu plus de six heures. Il grimpe sur le toit de la cabine pour avoir une meilleure visibilité à travers les rayons tremblotants de l'aube. Indifférente aux cris, la mer réfléchit le ciel orangé sans livrer le moindre indice.

Le bateau accélère. Les femmes restent silencieuses, à leur poste, la respiration lourde et la peur au ventre.

Le moteur hors-bord trace derrière lui un long filet d'écume qui s'ouvre en deux comme les nageoires d'une baleine. La veille, en fin d'après-midi, l'opticien est resté assis à la poupe du navire, subjugué par la régularité hypnotique de cette traînée blanche, l'esprit apaisé par cette vague mousseuse ne cessant de se fendre. Maintenant, il fixe les eaux bouillonnantes et sent palpiter la veine de sa tempe droite.

« Tu vois quelque chose ? » lui crie Matteo d'en bas.

Il secoue la tête et les deux hommes échangent un regard perplexe.

Il n'entend plus les hurlements. Est-ce qu'ils vont dans la bonne direction ? Il siffle Gabriele qui se tourne vers lui, et couvre ses oreilles en mimant une surdité totale. Gabriele demande à Francesco de couper le moteur, la pétarade ralentit avant de s'éteindre.

Freiné brutalement dans sa course, le *Galata* continue sur une lancée spasmodique, tout en tangages et tremblements. Immobile, l'équipage attend que la mer se calme. Maria se penche et saisit le bras de Teresa. Giulia se tient légèrement à l'écart des autres. Mordillant sa phalange droite, elle balaie une mèche de sa main gauche. Elles ont l'air si fragiles.

Quand il parvient de nouveau à leurs oreilles, le cri les transperce comme une flèche.

L'opticien lutte pour rester debout sur la cabine. Dieu, qu'est-ce qui les attend là ?

Le bruit se transforme en un hurlement insoutenable. L'opticien a l'estomac noué. Quelque chose pousse une plainte aiguë sous les vagues. L'opticien s'efforce de ne pas bloquer sa respiration et adresse un signe rassurant à Teresa qui le dévisage, horrifiée.

Soudain, il les aperçoit.

« Des poissons ! Là, je vois trois gros poissons ! Francesco, à cinq heures ! »

Francesco manœuvre le bateau en direction de son bras tendu. L'opticien ne quitte pas du regard les points noirs qui dansent à la surface de l'eau, il tente de réfléchir. Son cerveau refuse d'accepter ce que lui communiquent ses yeux. Quel genre de poisson nagerait à la surface, espèce d'idiot ? Allons, quel genre de poisson ?

« D'autres poissons, là-bas ! » Maria pointe son doigt, penchée au-dessus du bastingage. Mais l'opticien fixe toujours ceux qu'il a repérés avec une intensité professionnelle, aussi concentré que ses clients devant le tableau de vue. Il force ses yeux et son cerveau à reconnaître et interpréter ces formes.

Le *Galata* s'approche, tel un petit navire sautillant sur la houle. Ils sont à trente mètres. La clameur s'intensifie.

L'opticien observe. Une des formes noires s'allonge, sort en partie de l'eau puis retombe, comme recroquevillée. Voilà qu'elle disparaît, laissant derrière elle cette écume blanche.

Mon Dieu, non ! Je vous en supplie. Pas ça !

« Des gens ! crie Giulia. Ce sont des gens dans l'eau ! »

Du toit de la cabine, l'opticien sent sa vision vaciller. Ces formes noires. Ces corps éparpillés sur la surface transparente comme un macabre jeu de quilles, ces bras, ces jambes s'agitant par à-coups. Ces êtres luttant de toutes leurs forces pour rejoindre le *Galata*. Entre chaque vague, une nouvelle tête apparaît. La mer en est couverte.

L'océan résonne de hurlements primitifs surgis des profondeurs, entre gargouillis et déchirements. Soudain, l'opticien reconnaît la musique des mourants. Au sein de ce chœur tragique, il distingue chaque voix, entend chaque être. Chacun supplie qu'on lui vienne en aide.

L'opticien déglutit.

Comment faire ? Comment les sauver tous ?

Lentement, il tend son bras. Des mains montent vers le ciel, se referment dans le vide, appellent en vain. Il voit des yeux jaunis écarquillés, remplis d'un furieux espoir.

Du sommet de la cabine, il jette un regard vers ses amis. Huit. Ils sont huit. Eux sont des vingtaines, peut-être des centaines. Ils n'ont qu'une bouée.

Avant même de sauter sur le pont, l'opticien sait qu'il lui faudra choisir entre ceux qui pourront vivre et ceux qui devront mourir.

4

Ils ont agi avec méthode, se dit-il après coup. Pas de débat pour savoir qui donnera les ordres : ils ne tergiversent pas sur le rôle ou la place de chacun. Sans prévenir, Matteo plonge. Il saisit les corps l'un après l'autre et les ramène sur le bateau. Gabriele se précipite dans la cabine de pilotage pour émettre le signal de détresse. Par un accord tacite, l'équipage s'organise pour secourir en priorité les groupes plutôt que les individus isolés. Personne ne proteste lorsqu'il faut renoncer à sauver un corps inanimé. Après avoir balayé une première zone, Gabriele prend le contrôle du navire. Francesco et l'opticien tendent continuellement leurs mains pour hisser des rescapés à bord. Les femmes fouillent du regard la surface transparente, prodiguent les premiers soins et réconfortent les survivants.

Rétrospectivement, l'opticien se demande s'ils n'ont pas été sélectionnés pour cette mission –

comme si, sans le savoir, toute leur vie les avait préparés à cette journée.

Il est en nage avant même que Matteo ait remonté un homme sur la poupe du bateau. Il jette son coupe-vent et sent une décharge d'adrénaline parcourir tout son corps. Il descend l'échelle en bois le long de l'embarcation. Ses muscles se contractent, sa respiration s'accélère.

Le premier être qu'ils arrachent à la mer retombe aussitôt dans l'eau. Il est à peine plus âgé qu'un enfant. L'opticien et Francesco l'ont attrapé par les poignets mais sa peau nue, couverte de gasoil, le rend plus glissant qu'une anguille. Lorsqu'il refait surface, hoquetant, crachant, sanglotant, il est toujours aussi difficile d'agripper sa chair huileuse. L'opticien plante ses ongles dans la peau noire et visqueuse pour hisser le garçon à bord. De sa vie, il n'a jamais serré aussi fort la main de quelqu'un. L'intimité de ce geste, l'étreinte d'une main inconnue, le fait grimacer. Pourtant, lorsque la force de sa traction précipite le jeune homme contre son torse nu, il est envahi d'une émotion primitive. Quelque chose qui ressemble à de l'amour. Il voudrait l'embrasser comme ses fils quand ils sont tristes ou effrayés.

Le temps manque. Déjà, Matteo l'appelle à l'aide. L'homme qu'il tient dans ses bras refuse de le lâcher. Il s'accroche au cou de son ami, bat des pieds et tente d'enlacer de ses jambes le torse tatoué de Matteo, dont la tête s'enfonce à moitié sous l'eau. Tout autour du bateau, des hurlements de détresse s'élèvent.

« Ça va aller, ça va aller ! crie l'opticien au jeune homme par-dessus son épaule. On va sauver tes amis – ne t'inquiète pas ! »

Sur le pont, l'adolescent s'est roulé en position fœtale et vomit. Ses spasmes sont si violents que les femmes se demandent s'il ne fait pas une crise d'épilepsie. Il pleure et gémit dans une langue inconnue.

Lorsque Maria touche son épaule, un cri lui échappe. Il cache son entrejambe de ses mains tremblantes. Teresa comprend tout de suite sa gêne et va chercher son sac. Le premier vêtement qu'elle en extrait est un T-shirt rose vif, dont il s'empare pour se couvrir. Il passe ses jambes dans les trous des bras et noue le tissu sur le côté comme un gigantesque caleçon. Il sanglote en se balançant doucement.

Une question doit être posée, primordiale, dont l'opticien redoute la réponse. Il doit se faire violence.

« Vous étiez combien sur le bateau ? » demande-t-il, en mimant sa question avec ses doigts. Épuisé, l'adolescent se penche et trace du doigt un nombre sur le pont. Cinq cents. L'opticien est bouche bée. Le garçon se penche à nouveau et ajoute un symbole. Plus.

Trois nouveaux rescapés sont hissés sur le bateau, Gabriele se dirige vers le groupe suivant. En plus de l'appel radio de Gabriele, il sait que les filles ont contacté les services d'urgence depuis le téléphone d'Elena. Mais toujours pas le moindre signe de renforts. Il fait désormais complètement jour et l'opticien distingue des formes noires sur un rayon de plusieurs centaines de mètres.

« L'hélice ! crie-t-il. Il faut ralentir ! Cette putain d'hélice va les découper en morceaux ! »

Le *Galata* zigzague entre les vagues, se fraie un chemin entre les corps, parmi les vêtements et les chaussures abandonnés. Impossible de s'arrêter pour remonter les morts. Pas tant que d'autres ont encore une chance de s'en sortir !

Les deux hommes qu'ils viennent de sauver sont si proches de la fin que l'opticien craint qu'ils ne trépassent à bord. L'eau de mer et l'épuisement ont maltraité leurs intestins. Leurs paupières s'agitent par intermittence, selon qu'ils sombrent ou reprennent conscience. Teresa et Maria les enveloppent de duvets pris sur les couchettes, priant pour que la vie ne quitte pas leurs corps tremblants.

« À trente mètres, à sept heures ! » crie Francesco.

Quatre hommes, cramponnés les uns aux autres, s'efforcent de rester à la surface. Dans la mer limpide s'agitent les plantes de leurs pieds rose vif, comme des poissons pris dans un filet. À genoux, la main tendue, l'opticien attend que les premiers doigts se referment sur les siens.

Jamais il n'oubliera le contact de ces mains glissantes serrant la sienne. Jamais il ne s'est senti aussi vivant, animé d'une énergie née de ses entrailles. Son devoir est de transmettre cette vitalité à ceux qui en ont tant besoin. Il a l'impression d'être capable de tous les réanimer, si seulement il parvient à les atteindre à temps. Le zèle de ses amis le grise et le porte en avant.

« Allez, les gars, on continue ! »

Un des rescapés s'agrippe à l'opticien et à Francesco, désignant la surface de l'eau. Il semble implorer Matteo qui se tient à la poupe, sur l'échelle. Il répète le même mot, mais ne paraît pas comprendre l'italien.

Matteo s'adresse alors à lui en anglais.

« Qu'est-ce que tu essaies de nous dire ? l'encourage-t-il. On peut t'aider si tu nous expliques lentement en anglais. »

L'homme les supplie du regard, des larmes coulent sur ses joues.

« S'il vous plaît, adjure-t-il les mains jointes. Les enfants. Il y a beaucoup d'enfants. »

Immédiatement, Francesco saute à l'eau. Les yeux agressés par l'eau salée, il plonge aussi profond que possible. Remontant à la surface près d'une minute plus tard, il nage précipitamment vers le bateau, comme poursuivi par un requin. L'opticien n'a besoin d'aucune explication, les autres non plus : au visage décomposé de leur ami, tous comprennent que sous les vagues ne demeurent que les formes enchevêtrées d'innombrables cadavres.

L'opticien adresse alors une prière silencieuse à un Dieu auquel il ne croit pas. Sauvez les enfants. Je vous en supplie, laissez-nous sauver les enfants. Quoi qu'il advienne, pour l'amour du ciel, laissez-nous sauver les enfants.

Ils ne trouvent aucun enfant.

« On avance ! » dit Francesco avec détermination. Gabriele redémarre le moteur.

Lorsqu'ils arrivent près d'un trio repéré par Maria, seules deux têtes émergent.

« C'est une femme ! » Maria se penche par-dessus bord tandis que Gabriele dirige avec peine le bateau. « Il y a un homme aussi, mais je suis sûre que l'autre est une femme ! »

Francesco lance la bouée à la femme, mais c'est l'homme qui s'en saisit. Inerte, elle ne réagit pas aux gestes de celui qui s'efforce de lui venir en aide. Elle semble indifférente. Sa main gauche repose sur le dos arqué d'un corps qui flotte près d'elle. La tête penchée sur le côté, ses longues tresses se répandent comme des tentacules à la surface de l'eau. De toute évidence, elle a capitulé, résignée à suivre le même chemin que ce cadavre qu'elle refuse d'abandonner. L'homme qui est à ses côtés tente une dernière fois de lui faire attraper la bouée, la suppliant de laisser derrière elle le corps sans vie.

Même s'ils savent qu'il est vain de lui parler en italien, l'opticien, Teresa et Maria lui crient de monter à bord, lui promettent que tout sera bientôt terminé. Soudain, la jeune femme ouvre les yeux en reconnaissant des voix féminines. Rassemblant ses dernières forces, elle saisit maladroitement la bouée.

Elle semble ne pas vouloir être secourue, prête à mourir. Ayant pour seul vêtement un T-shirt turquoise imbibé d'essence, elle se fige sur le pont dans une flaque de pétrole et d'eau de mer, comme un poisson hors de l'eau qui aurait cessé de lutter. Quand l'opticien approche une main consolante de sa joue, la femme se recroqueville. Humiliée, elle cherche à distendre son T-shirt pour cacher sa nudité. Il voudrait la rassurer, mais ne fait qu'accroître sa peur : elle est terrifiée à la vue des hommes. Il réalise qu'ils la blessent en la regardant. Avec l'aide de Teresa, la femme couvre son corps d'une serviette de plage et s'assied.

« Merci », murmure-t-elle en anglais d'une voix brisée, en tenant les mains de Teresa dans les siennes.

Alors qu'elles tentent de réconforter cette femme si frêle, Teresa et Maria ne peuvent retenir leurs larmes. La jeune femme, elle, demeure impassible, le menton légèrement relevé dans une posture presque hautaine. Mais l'opticien n'est pas dupe. Elle contient là toute sa douleur. Est-elle trop fière pour pleurer, ou trop profondément brisée ? Dans un anglais maladroit, ponctué de gestes des mains, ils s'inquiètent : a-t-elle soif ? Veut-elle un pull à la place de son T-shirt détrempé ? L'homme sans vie sur lequel elle veillait était-il son mari ? Y avait-il d'autres femmes à bord ?

Elle ne répond qu'aux deux dernières questions et tourne la tête vers la mer, en direction du cadavre qui flotte sur le ventre, emporté par la houle. Elle le fixe longuement avant de changer de position pour s'éloigner de cette forme sans vie.

« C'était mon frère, déclare-t-elle, d'une voix plate. Oui, nous étions beaucoup de femmes. »

Elle ne dit plus un mot.

Ils ne trouvent aucune autre femme.

5

Où que se pose son regard, il en voit toujours plus. Comme s'ils se multipliaient, des mains créant d'autres mains. L'opticien consulte sa montre, sa gorge se serre. Le temps se consume et emporte des vies. Bon sang, où sont ces fichus garde-côtes ? Depuis le début, il se dit qu'ils n'agissent pas de manière optimale. Une équipe de sauveteurs professionnels serait infiniment plus efficace et pourrait sauver davantage de personnes. Il faut se dépêcher !

Les femmes ont quasiment désossé le bateau. Après avoir vidé valises et sacs de tous leurs vêtements, elles ont déchiré les rideaux des cabines, arraché jusqu'au tissu rêche des banquettes afin de rendre aux survivants un semblant de dignité. Certains hommes, mortifiés de se tenir nus devant elles, semblent prêts à retourner dans l'eau.

L'opticien repère un homme solitaire qui lui adresse de grands signes. Alors qu'il est en train de lui lancer la bouée, ses camarades décident de changer de trajectoire pour sauver un groupe à cinquante mètres de là. Ils sont cinq à se débattre, gardant difficilement la tête hors de l'eau. Pendant le sauvetage du petit groupe, il s'efforce de garder un contact avec l'homme solitaire. Il lui crie de les attendre, lui promet de revenir très vite, lui répète qu'il va s'en sortir. À leur retour, son corps flotte à côté de la bouée : la mer a englouti son âme. Pas un mot n'est prononcé lorsque l'opticien récupère la bouée de sauvetage vide. Sa légèreté est effroyable.

Il voit approcher deux bateaux de pêche, répondant au signal de détresse. Gabriele actionne la sirène. L'équipage du *Galata,* en chœur avec les rescapés, crie aux capitaines de ralentir, terrifié à l'idée que les hélices ne coupent en morceaux les autres naufragés. Les bateaux de pêche hésitent. À cette distance, ils ne voient probablement qu'un rafiot chargé d'hommes basanés. Chacun sait que des lois strictes empêchent de secourir les immigrés illégaux. De nouveau, la colère le gagne. Est-il seulement possible que l'Italie place la loi au-dessus des vies humaines ? Son regard se pose sur les rescapés comprimés sur le pont, vêtus de lambeaux de tissu. Ils pleurent leurs morts, leurs femmes et leurs enfants.

L'opticien est épuisé, mais refuse de l'admettre. Il a failli glisser de l'échelle. Il sent ses muscles l'abandonner. Ses jambes tremblent. Il doit résister. Il ne peut s'arrêter, ne doit pas écouter son corps. D'autres personnes sont encore dans l'eau, elles ont besoin de lui.

Il ignore combien ils en ont sauvé jusqu'ici, mais le bateau est surchargé. À l'arrière, l'échelle est presque entièrement immergée. De toute évidence, ils s'enfoncent considérablement dans l'eau. Sous l'effort, le *Galata* ne répond plus de façon fiable aux commandes de Gabriele. Sa flottabilité compromise, il ralentit et devient hors de contrôle. Mais il y a encore tant de personnes à sauver.

À bâbord, l'un des bateaux de pêche commence à remonter des cadavres éparpillés. Les corps gorgés d'eau sont balancés sur le pont, un par un, comme autant de pièces de viande. Une femme, un frère, un fils.

L'opticien se hisse de nouveau sur le toit de la cabine. Du haut de son perchoir, il scrute méthodiquement la mer à la recherche du moindre signe de vie. Il a besoin de saisir de nouvelles mains. Il tremble.

« Là ! Deux personnes ! À trois heures ! »

Le *Galata* titube, ballotté par la houle. Gabriele force le bateau à virer contre son gré. Ses défenses heurtent la surface de l'eau, rebondissent et éclaboussent à chaque vague. L'opticien se rue sur le pont. Matteo est déjà à plat ventre, penché au-dessus de la proue, prêt à lancer la bouée aux mains tendues. Allez, allez ! Les têtes disparaissent sous l'eau. Seules les mains restent visibles, serrées en des poings désespérés. Vous n'allez pas mourir ! Non, vous n'allez pas mourir !

Ils extirpent littéralement les hommes des eaux noires. Ils attrapent des mains, des touffes de cheveux, et tirent jusqu'à ce que les visages ressurgissent à la surface. Les doigts soudés, les forces décuplées par l'adrénaline, Francesco et Matteo projettent un premier homme à l'intérieur de l'embarcation. Galvanisé, l'opticien est parcouru de la même énergie et pousse un rugissement lorsque Matteo l'aide à soulever un deuxième homme pour le déposer sur le pont.

Depuis la timonerie, Gabriele leur crie qu'il n'a plus aucun contrôle sur le bateau. Le *Galata* ploie sous la charge et s'enfonce davantage. Soudain, la panique le prend au ventre. Combien de temps le *Galata* pourra-t-il les garder en vie ? Il voit Teresa, la main posée sur le front d'un rescapé pour l'aider à avaler quelques gorgées d'une gourde. Sa fine silhouette soutient un homme à bout de forces. Ses garçons ne lui pardonneraient jamais s'il mettait en danger la vie de leur mère. Jamais ils ne lui pardonneraient. Pourtant il reste des gens dans l'eau.

Deux brefs coups de sirène retentissent au moment où Gabriele annonce qu'il faut se débarrasser de tout ce qu'ils peuvent pour alléger le rafiot. Au bruit de la sirène, l'ensemble de l'équipage s'est réfugié à tribord. Déséquilibré, le bateau commence à rouler violemment, suscitant des hurlements d'épouvante.

« Reculez ! Reculez par ici ! Vite ! » crie l'opticien.

De retour sur le toit de la cabine, l'opticien s'agenouille, la main droite cramponnée au petit garde-fou, de la gauche, il ordonne aux hommes de reculer. Matteo et Francesco chancellent et poussent les hommes à bâbord.

« Par là ! On va chavirer ! »

Le *Galata* gîte avant de retrouver un semblant d'équilibre.

Tremblant, l'opticien lève la tête et voit deux bateaux blancs et rouges s'approcher, précédés d'un Zodiac orange. Il n'a aucune idée du nombre de personnes actuellement à bord du *Galata*. Il sait seulement qu'ils sont beaucoup trop nombreux. De son poste d'observation, il les compte rapidement. Un, deux, trois, dix… vingt… trente-cinq… quarante-six. Quarante-six hommes et une femme. Plus eux huit. Cela fait un total de cinquante-cinq. Cinquante-cinq personnes sur un bateau prévu pour dix maximum.

Soudain, il entend les crépitements de la radio VHF : Gabriele parle aux garde-côtes désormais tout près. Il est soulagé à l'idée que des professionnels prennent la relève. Le transbordement va pouvoir commencer et le *Galata* continuera ses recherches sans mettre de vies en danger. Les hommes sur le pont le regardent, les yeux pleins d'espoir. Tout ira bien. Ils vont retrouver leurs amis, leurs familles. Ils vont y arriver.

Il pose un instant son regard sur sa femme, en contrebas. Il aimerait qu'elle accompagne les rescapés sur le bateau des garde-côtes. Elle a été si forte aujourd'hui, infatigable et veillant sur chacun. Les hommes, eux, ne peuvent cesser les recherches. Ils ne doivent pas abandonner.

De la cabine s'élève la voix de Gabriele. Son ami gueule à l'intention des garde-côtes :

« Non ! Vous devez les récupérer ! On doit continuer à chercher ! Il y a toujours des gens dans l'eau ! »

L'opticien voit alors un des officiers croiser et décroiser ses avant-bras dans un geste qui signifie clairement « Stop ! ». Il n'en croit pas ses yeux. L'officier leur ordonne d'arrêter les recherches. Non, ce n'est pas possible ! On ne peut pas s'arrêter là ! Ce serait criminel ! Là, une main, sous la crête de cette vague enroulée ! Ou bien n'est-ce qu'une ombre ? Bon sang, concentre-toi !

Il lui semble avoir aperçu quelque chose bouger. Son regard sonde la mer. Il cligne des yeux et force sa vision à se fixer, en vain. Tout autour, ce n'est que l'immensité bleue. Si c'était une main, elle a disparu. Les vagues se déroulent devant lui, emportant leurs secrets dans leur reflux. Était-ce une main ? L'a-t-il manquée ? Ses paupières tressaillent sous l'effort de concentration. Il doit rester vigilant.

Elena et Maria prennent part à la discussion avec le capitaine des garde-côtes. Matteo argumente furieusement.

Francesco monte d'un ton : « Pour l'amour du ciel, prenez quelques-uns de nos passagers ! On peut continuer, nous ! C'est ridicule ! »

L'opticien sent son cœur battre la chamade. On leur demande d'abandonner des êtres humains. On les somme d'abandonner ! Il ne peut pas y croire. C'est de la folie ! Ils ne peuvent pas abandonner ! Ils ne peuvent pas laisser ces personnes dans l'eau. Ils en ont sauvé quarante-sept, nom de Dieu ! Ils ont juste besoin d'aide pour mettre en sécurité les survivants ! Par pitié, le temps presse ! On n'abandonnera pas ! Jamais !

« Hé, là ! lance l'opticien aux garde-côtes. Il y a des femmes et des enfants dans l'eau ! On doit les trouver, des vies sont en jeu ! Pour l'amour du ciel, le temps est compté ! »

Le capitaine ne cède pas. Il est trop dangereux de transférer des passagers en pleine mer, le règlement l'interdit. Ce qu'ils proposent va à l'encontre de la procédure officielle car cela met de nouveau des vies en danger. Le capitaine ajoute que l'équipage du *Galata* est de toute évidence épuisé. Ils doivent s'arrêter là. Les garde-côtes les relaieront, assure-t-il froidement. Ils remplaceront le *Galata* dans sa mission de sauvetage aux côtés des bateaux de pêche. Pour l'heure, le *Galata* doit rentrer immédiatement au port de Lampedusa. Les migrants rescapés seront pris en charge et soignés au centre d'accueil. Le capitaine croise les bras, formant un X. Les autres navires vont prendre la suite, il faut s'arrêter.

C'est terminé.

Un officier photographie le *Galata* ce jour-là pendant que le capitaine des garde-côtes donne ses ordres. La coque s'enfonce tellement dans l'eau que l'une des défenses est à moitié submergée. Un rescapé, vêtu du maillot de bain vert pomme de l'opticien, est assis, les jambes glissées sous le garde-corps. Ses pieds effleurent la surface de l'eau. La photo est un peu floue, mais on distingue Gabriele penché à la fenêtre de la cabine de pilotage. Son grand front se plisse comme s'il cherchait à ouïr les ordres des garde-côtes. Un homme, peut-être le dernier sauvé, jette un regard craintif, enveloppé d'un drap blanc.

Sur le toit de la timonerie, l'opticien, vêtu d'un pantalon bleu marine retroussé au-dessus des chevilles, tourne son dos musclé à la caméra. La photo le saisit sur le vif, à l'instant où il se retourne, pivotant sur sa jambe droite. Son regard scrute le grand bleu devant lui et son bras gauche est à moitié levé, comme s'il était sur le point de crier : « Là-bas, deux mains à neuf heures ! »

Il apparaît clairement que, pour l'opticien, le sauvetage n'est pas terminé. Il sonde du regard les eaux alentours : il cherche encore, sans relâche.

6

Quel triste équipage fait route vers le port. Laborieusement, le *Galata* avance sur l'eau, grognant et protestant chaque fois que la mer, désormais agitée, le ralentit et perturbe sa navigation. Son intérieur est ravagé, les rideaux arrachés, la cabine déchiquetée. À l'extérieur, le pont est couvert d'immondices. Accablé, l'équipage s'affale le long du plat-bord. Les cris ont fait place à une immense complainte qui s'élève du rafiot et serre le cœur de l'opticien.

À la proue se tient la seule femme rescapée. Ses yeux ne quittent pas l'horizon, cette terre tant espérée et si proche. L'opticien observe son visage. La souffrance de cette femme semble infinie, et si intime qu'il en frémit d'effroi.

Les mots manquent, la parole s'est tarie. Seules les larmes abondent. Telle une mère, Teresa prend les hommes dans ses bras, les tient par la main, distribue en silence eau et biscuits.

L'opticien voudrait lui aussi embrasser sa femme, mais il doute de ses forces pour la réconforter. Le corps vidé, il sent qu'au-delà de la fatigue physique quelque chose au fond de son être s'est brisé.

Lui qui a toujours vénéré la mer, il surveille l'onde scintillante avec méfiance. Il connaît son étendue et sa puissance vertigineuses. Dès qu'il est en sa présence, l'opticien se sent relié à elle par des liens invisibles. Aujourd'hui, pourtant, il perçoit son hostilité – ou du moins sa nature équivoque. Il sait avec quelle perfidie elle a piégé ces centaines de vies. Combien d'autres épaves sommeillent dans ses abîmes ? Combien de naufragés sans espoir ont rendu leur dernier souffle dans ses entrailles ?

Avec ses quinze mètres de long, le *Galata* ne fait pas le fier sur cette mer insolente, les berçant de l'illusion qu'ils sortent vainqueurs du naufrage. Derrière le ronronnement du moteur, l'effrontée semble se railler de tous ceux qu'elle a engloutis.

Ils doivent y retourner ! Il le faut ! Ils déposeront les survivants au port et feront demi-tour. Une vague d'énergie familière parcourt de nouveau ses veines. Il sait que Gabriele sera d'accord. Et il peut compter sur Francesco et Matteo.

Pourquoi tous ces policiers ? se demande l'opticien devant le port. Les radios grésillent, les agents en uniforme grouillent sur le débarcadère, s'agitent, contiennent les badauds. Lorsque le bateau arrive à quai, plusieurs migrants se recroquevillent à la vue des pistolets et des matraques, au bruit agressif des sirènes de police. De nouveau, la colère monte en lui, il s'insurge intérieurement contre ces postures agressives, et lit sur les visages de ses amis qu'ils n'en pensent pas moins. Pour l'amour du ciel, reculez, cessez de les traiter comme des criminels ! Avez-vous la moindre idée de ce qu'ont vécu ces gens ?

Lorsque la police évacue les hommes du bateau pour les faire monter dans des fourgons, elle s'effondre comme une mère que l'on aurait séparée de ses enfants. Les policiers la séparent de l'un des rescapés – cet adolescent, le premier sauvé, à qui elle a donné son T-shirt rose. Elle refuse de lâcher prise et éclate en sanglots. Elena et Giulia, inconsolables, ne lèvent pas les yeux au vrombissement des fourgonnettes de police. L'opticien distingue les visages des hommes derrière les vitres, leurs doigts pressés contre le verre. Il ne peut refréner un sentiment de culpabilité à l'idée de ne pas en avoir sauvé davantage.

Il a été incapable de rassurer ces malheureux. Et même s'ils avaient une langue commune, pense-t-il avec amertume, que leur aurait-il dit ? Que tout est bien qui finit bien, qu'ils vivront désormais heureux ? Il ignore tout des procédures à affronter. Il n'a pas la moindre idée de ce qui les attend maintenant.

« Certains d'entre eux sont très malades ! crie-t-il vers la fenêtre ouverte du fourgon de police. Ils ont besoin d'un suivi médical ! S'il vous plaît, ils sont dans l'eau depuis des heures. »

L'agent de police lève le pouce en signe d'approbation. La vitre électrique se referme silencieusement. Le fourgon démarre.

Matteo et Gabriele sont retournés sur le bateau et lavent à grande eau le pont souillé. Francesco est en train de faire une déposition officielle auprès des agents. En s'approchant, l'opticien l'entend décrire une mer « pleine de cadavres ». Il l'interrompt et demande à l'agent s'ils peuvent faire ces constats un peu plus tard, cet après-midi ou ce soir. Ils souhaitent rejoindre l'opération de sauvetage, explique-t-il.

Le policier, un type costaud au visage marqué par le temps et les éléments, le dévisage d'un air perplexe.

« L'ami, dit-il sans méchanceté, à l'heure où on parle, six de nos bateaux mènent des recherches. Mais ça fait des heures. Il n'est plus question d'une mission de sauvetage. Il s'agit maintenant de récupérer les corps. On vient d'appeler les plongeurs. »

C'est donc bel et bien terminé.

Le cœur lourd, les femmes prennent le chemin de la maison. L'opticien reste pour nettoyer le *Galata* avec ses amis. Ils s'exécutent en silence, avec efficacité, n'échangeant que quelques mots en frottant les taches de sel sur la quille. Ils rangent les cordages et rassemblent les déchets dans des sacs-poubelle. L'opticien a l'impression que chacun de leurs mouvements est excessivement minutieux – comme si aucun d'entre eux n'était pressé d'en finir. Avant de se séparer, au pied de la petite colline menant au centre-ville, ils se serrent dans les bras, comme des frères.

Teresa pleure encore lorsqu'il rentre. Il la prend dans ses bras et sent son corps frêle trembler contre le sien. Les mots lui manquent : il est incapable de la consoler. Lui-même ignore comment donner un sens à cette journée tragique. Comment interpréter ce qui s'est passé pour rendre les choses moins difficiles à accepter ?

Sa femme blottie contre lui, l'opticien sent

encore la main froide et huileuse de ce premier garçon arraché à la mer.

Des larmes coulent sur ses joues, se mêlent à l'eau de la douche. Comment peut-il apprécier cette eau chaude, laver larmes et transpiration après ce qu'il a vu ? Il ne cesse de penser aux enfants qu'ils auraient dû sauver. Il imagine la terreur sur leurs visages quand le rafiot s'est rempli d'eau. Il ne faut plus y penser. Ne pas y penser. Et s'il y avait encore des personnes là-bas, des âmes perdues, oubliées des garde-côtes ? Et si elles l'attendaient ?

Il avait toujours su où il allait. Depuis ce jour, il a la sensation que ses certitudes ont volé en éclats. Comme si une part de lui-même était restée là-bas, avec ceux qu'ils n'ont pas pu sauver.

A-t-il vraiment fait tout ce qu'il pouvait ? Des souvenirs troubles refont surface, des nuées de détails lui réapparaissent. Il pense à tous ces naufrages survenus au large de Lampedusa. Jamais il n'y avait prêté attention. La semaine dernière encore, il se revoit éteindre la radio en entendant parler de migrants noyés au large des côtes siciliennes. Il a esquivé les problèmes. Il a refusé d'imaginer leurs mains suppliantes en prenant son petit déjeuner. Mais s'il avait été sur place ?

Il laisse l'eau couler sur son visage, les yeux et la bouche fermés. Son père lui disait toujours qu'en chacun d'entre nous existe une ligne noire à partir de laquelle on peut évaluer son propre comportement. Situer ses actions au-dessus ou en dessous de cette ligne permet de déterminer le bien du mal. Il l'avait toujours visualisée clairement. Il avait ordonné ses actions, ses priorités et ses valeurs en fonction de cette ligne noire. Il savait que, s'il passait sous la ligne, une sorte d'indicateur interne l'avertirait qu'il était sur le point de commettre une erreur. Il tente cette fois encore d'apprécier sa vie à l'aune de cette ligne. Mais elle n'est plus droite ni continue. Elle est fluctuante et erratique. L'eau chaude coule sur sa gorge et son torse, sans l'apaiser.

Il a décidé de travailler cet après-midi. Se plonger dans le travail, retrouver sa routine est le seul moyen de remettre de l'ordre dans ses pensées. Épuisée, Teresa est au lit. Il attrape un en-cas dans le réfrigérateur et descend ouvrir la boutique. Après avoir passé en revue le registre des stocks deux heures durant, il appelle son fournisseur à Naples. Il répare ensuite une paire de lunettes de soleil pour des touristes alle-mands à la retraite.

Attentif à conserver une attitude professionnelle, il sourit poliment aux clients. Pourtant, il ne peut se détacher de l'idée que tout cela est absurde. Sa routine, son travail : quelle futilité ! Comme c'est pathétique ! Quand il repense à cette matinée, à quel point il s'est senti vivant, il est certain d'une chose, sa vie a basculé ce jour-là.

Instinctivement, l'opticien forme un poing de ses mains, plie les bras pour faire saillir ses muscles endoloris. Prêt à agir de nouveau. Il revoit les yeux écarquillés de terreur, les corps nus tremblants, enduits de mazout. Les silhouettes recroquevillées, secouées de pleurs, enveloppées dans leurs serviettes de plage bariolées. Il désire à tout prix les rejoindre, prendre leurs mains dans les siennes, leur parler. Il voudrait s'asseoir à côté d'elles, leur demander comment elles se sentent, comment elles s'appellent, pourquoi elles ont voulu venir ici. Il se demande si les bateaux de pêche ou les garde-côtes ont retrouvé leurs familles. S'ils sont désormais réunis. Il veut savoir ce qui s'est passé. Il ne les abandonnera pas.

Il ferme rapidement le magasin et grimpe quatre à quatre les marches menant à l'appartement. Teresa sursaute lorsqu'il ouvre la porte. Le téléphone portable à la main, le visage ruisselant de larmes.

« Je viens d'avoir Giulia, lui annonce-t-elle. Nous sommes toutes d'accord. On va aller au centre d'accueil ce soir. Il faut qu'on les voie. »

7

Inutile de prendre le scooter, le centre d'accueil n'est qu'à une dizaine de minutes à pied. La route qui y mène est bordée de voitures de police, « aussi mal garées que celles des supporters lors d'un match au stade de San Paolo quand Naples joue à domicile », fait remarquer l'opticien à Gabriele. Les amis marchent à moitié sur la route pour contourner les encombrants pare-chocs.

Main dans la main, un couple âgé en polaire rouge avance dans leur direction d'un pas hésitant. L'homme porte un pantalon bleu marine trop court de trois bons centimètres.

« *Buona sera !* » Le couple leur adresse de grands sourires. De toute évidence, ils connaissent Francesco. Ils s'arrêtent, échangent quelques plaisanteries, demandent des nouvelles du magasin de glaces de sa fille. Ils achètent toujours leurs glaces là-bas, insiste l'homme, ce sont les meilleures de Lampedusa. L'opticien a l'impression que la femme le reconnaît, mais lui est incapable de restituer son visage. Il est certain de ne pas l'avoir comme cliente. Sa mémoire des visages est excellente. Il lui rend son sourire, légèrement embarrassé.

Le vieil homme agite son pouce par-dessus son épaule en direction du centre d'accueil et s'exclame : « N'est-ce pas horrible ce qui s'est passé ce matin, ce naufrage ? Selon la police, il y a des centaines de morts. » Sa voix se brise et sa femme lui caresse le bras doucement. Il explique qu'ils viennent de déposer des vêtements pour les réfugiés. Les malheureux n'ont plus rien.

Encore bouleversé, Francesco leur explique brièvement ce qui leur est arrivé le matin même à bord du *Galata*. Comment ils se sont retrouvés au cœur de la tragédie, essayant de sauver un maximum de personnes. Il donne peu de détails. Pendant tout le récit, l'opticien remue le bout de sa chaussure dans la poussière, absorbé par les arabesques qui s'y dessinent.

Le couple est sous le choc. La femme gémit, la main sur la bouche, de grosses larmes coulent sur ses joues. Le vieil homme pleure aussi, se signe, lève les yeux au ciel. Peut-être remercie-t-il Dieu d'avoir envoyé le *Galata* aux naufragés. Ou alors, pense l'opticien avec ironie, lui demande-t-il pour quelle fichue raison il a permis ce désastre.

« Si courageux, répète la femme. Vous êtes tous si courageux. » L'opticien garde les yeux baissés.

Ce n'est qu'au moment où le couple prend congé d'eux et leur souhaite une bonne soirée qu'il croise enfin le regard de la dame. La tête penchée sur le côté, l'air songeur, elle lui sourit chaleureusement, se penche et lui serre le bras.

« Dieu vous bénisse, mon enfant », dit-elle avant de s'éloigner en claudiquant, sa main cherchant celle de son mari.

Soudain, il revoit ce visage sur le seuil de sa boutique lui demandant s'il n'avait pas de vieux vêtements à donner. C'était quelques jours auparavant et il lui avait à peine répondu.

Il sursaute lorsqu'un gros chien marron tacheté effleure sa jambe, la queue relevée jusqu'au milieu du dos. L'animal se rue vers le portail du centre d'accueil, attire l'attention du garde en frottant ses pattes et son museau contre le grillage. Un jeune officier se lève en souriant pour lui ouvrir.

« Mais quelle canaille ! lance-t-il d'un ton enjoué, en faisant mine de décocher un coup de pied à l'arrière-train de l'animal. Tu en veux toujours plus, toi ! »

Ignorant le jeune homme, le chien se dirige vers un groupe de migrants attendant de recevoir leur dîner. Accroupis dans la poussière, les épaules couvertes de rêches couvertures de l'armée, certains engloutissent déjà la nourriture servie dans des bols en plastique pendant que le chien s'assied devant eux et se lèche les babines avec appétit.

Au moment où l'opticien et ses camarades s'approchent à leur tour du portail, les portes se referment brutalement avec un bruit métallique.

« Eh, attendez une minute ! s'écrie l'opticien. S'il vous plaît, on peut entrer ? Nous sommes à la recherche de… des personnes qui sont arrivées ce matin. »

Le garde les dévisage, sceptique.

« Vous êtes de quelle ONG ? » demande-t-il en mâchant son chewing-gum, scrutant leur visage. Il cherche du regard un badge sur la chemise de l'opticien.

« Non, non, répond l'opticien avec impatience, écartant l'idée d'un revers de main. Nous ne faisons partie d'aucune organisation. C'est juste que nous… nous connaissons certains des derniers arrivés, et il faut qu'on les voie. »

Teresa s'avance.

« Il faut qu'on les voie de toute urgence, insiste-t-elle. C'est extrêmement important. »

Le garde mastique son chewing-gum un moment, puis hausse les épaules.

«Vous n'êtes pas autorisés à entrer dans le centre d'accueil, déclare-t-il fermement. Il redresse la tête et leur jette un regard gêné. Vous êtes journalistes ? Si oui, vous savez sûrement que le maire a déjà fait sa déclaration sur ce qui s'est passé ce matin, et vous n'aurez pas d'interview avec les migrants, OK ?

— On ne veut pas d'interview ! répond sèchement l'opticien en percevant l'irritation grandir chez ses amis. On veut leur parler, OK ? Écoutez, on connaît ces gens. On… on les a sortis de l'eau ce matin.

— Je ne peux pas vous laisser entrer, l'ami », réplique le garde aimablement. Il enlève sa casquette et coiffe ses cheveux en arrière. « Mais alors, c'était vous ? Eh ben ! Ils disent que plusieurs centaines sont morts noyés aujourd'hui. »

Il retourne dans sa guérite en marmonnant par-dessus son épaule. Il va appeler son chef par radio pour voir ce qu'il peut faire.

Maria et l'opticien passent les doigts au travers du grillage. Ils guettent le seul groupe de migrants que l'on distingue dans la lumière déclinante, près des arbres. Y a-t-il parmi eux les rescapés d'aujourd'hui ? Teresa et Giulia adressent un timide signe de la main vers le groupe, mais les hommes semblent ne pas les voir, concentrés sur leur repas. Une fois leurs rations terminées, ils balancent les bols en plastique par terre. Le chien saisit aussitôt sa chance, s'empare des bols un par un et les traîne jusqu'à la lisière des arbres pour les racler tranquillement.

À travers les clôtures, il est difficile de se rendre compte de la structure du centre d'accueil. À droite, de gros arbres. À gauche, une série de bâtiments bas, blanc délavé, d'apparence neutre. Probablement des bureaux ou des dortoirs. Au fond de l'enceinte, des policiers en uniforme bleu nuit effectuent des rondes tels des gardiens de prison.

« Le chef est occupé », lance le garde, en sortant la tête de sa guérite. Mais la réponse est non ! » Il disparaît de nouveau pour décrocher le téléphone.

« Hé ! crie l'opticien. Ne nous laissez pas tomber comme ça ! Trouvez-nous quelqu'un à qui parler. Il faut absolument qu'on entre ! » Il secoue le grillage. « Hé ! »

Sans un mot, le garde ferme sa porte.

Sur le côté droit du centre, ils s'engagent sur un chemin herbeux et escarpé, jonché de détritus. En grimpant, Matteo glisse sur un emballage. Il jure. Il réessaie un peu plus loin et parvient cette fois-ci à atteindre le haut de la butte. Il appelle les autres.

« Venez ! D'ici, on peut marcher le long du grillage et peut-être voir à l'intérieur. »

Poussière et gravillons dégringolent sur la pente sèche à mesure qu'ils gravissent le talus, l'un après l'autre. En tenant la main d'Elena pour l'aider à ne pas glisser avec ses sandales, l'opticien est traversé d'un frisson.

En haut, c'est un amas de vêtements abandonnés. La brise du soir soulève quelques cartes à jouer, prisonnières des herbes folles. Un petit carnet noir, gonflé et ondulé d'avoir été gorgé d'eau, agite ses pages comme pour les faire sécher. Francesco le ramasse pour le feuilleter. Tout son contenu a été effacé. Gabriele leur montre un sweat-shirt rouge vif au slogan improbable : « Welcome to California ! ». Lorsque Teresa le pousse du bout du pied, ils découvrent un minuscule pyjama pour bébé, blanchi, d'un vert fané, troué au niveau des pieds.

Tandis qu'ils avancent avec précaution, l'opticien sent une forme caoutchouteuse s'écraser sous sa chaussure. Il sursaute, le souffle coupé, et réalise qu'il a marché sur la tête d'une poupée en plastique privée de ses membres. Son visage nouvellement tatoué de l'empreinte de sa semelle semble fixer le ciel de son unique œil bleu foncé.

L'œil gauche s'est fiché au fond de l'orbite sous le poids de son pied. D'une cavité dans son torse dépasse une pile dont s'échappe un liquide rouille saignant dans l'herbe. L'opticien est profondément troublé à la vue du jouet brisé. Il s'arrête un court moment. Du bout du pied, il ramasse un short sale dont il couvre la nudité de la poupée.

Ils atteignent la barrière d'enceinte. Le chien galeux aboie furieusement, de peur qu'on lui vole ses bols. L'animal court en haut du talus, grogne dans leur direction au travers du grillage, les contours de sa gueule encroûtés de sauce tomate.

Les hommes interrompent leur repas et leur discussion, lèvent les yeux. Maria les appelle en anglais, quelques-uns répondent d'un timide salut de la main. Ils n'ont pas l'air de reconnaître l'équipage du *Galata*. Ce ne peut pas être eux.

Ils continuent de longer la barrière. Le chien les suit, exprimant son mécontentement par des grognements sourds. Sous un immense toit de garage, des centaines d'hommes noirs en jogging et sandales sont rassemblés, les uns assis, affalés sur des bancs en béton, les autres debout, l'air tout aussi découragés, désœuvrés. L'opticien les dévisage longuement. En hélant de nouveau les hommes, Maria excite le chien de plus belle.

L'un des migrants se retourne, les regarde, se lève du banc et avance dans leur direction en traînant des pieds. Il gravit le talus couvert de détritus.

« Très triste journée, déclare-t-il en italien, avec un fort accent. Beaucoup de mes compatriotes morts et tout le monde ici pleure. Vous, journalistes, oui ? »

Impatients d'expliquer les raisons de leur visite, les amis parlent tous en même temps. L'homme joint ses mains. « Dieu vous bénisse, murmure-t-il en tirant de sa poche un petit crucifix en bois coloré. Ici, il y a beaucoup de bonnes personnes qui nous aident. Et tous les Érythréens vous remercient. » Il embrasse sa croix. « Vous n'étiez pas le premier bateau à les trouver, vous savez, soupire-t-il. Un autre bateau est passé à côté d'eux, mais il ne s'est pas arrêté. »

L'équipage du *Galata* reste médusé. L'opticien serre le T-shirt de l'homme au travers du grillage. « C'est impossible ! s'emporte-t-il. Ça ne peut pas être vrai ! Qui refuserait de s'arrêter en voyant des gens en détresse ?

— Non ! proteste Gabriele, collé au grillage. Non, non, non ! Je vous en supplie, non ! »

Devant son visage blafard, l'Érythréen secoue la tête et commence à leur répondre lorsqu'un policier, alerté par le vacarme du chien, l'interrompt d'un bref coup de sifflet. L'homme déguerpit immédiatement, redescend et retourne s'asseoir à sa place. Il se replonge dans la contemplation du sol. Le policier claque des mains.

« Descendez de là ! hurle-t-il. Vous n'avez pas le droit d'être là-haut ! »

Clairement, il ne s'adresse pas au chien.

Quelques collègues curieux s'attroupent en contrebas et l'opticien leur crie les raisons de leur visite. Les doigts si furieusement accrochés aux mailles du grillage que ses jointures en deviennent blanches, il appuie son front contre le treillis en plastique vert.

« Je me fiche de savoir qui vous êtes, réplique l'un des agents. Vous n'avez pas le droit d'être ici, ni de parler aux clandestins. »

Les femmes protestent, implorent. Elles veulent simplement avoir des nouvelles des personnes qu'ils ont sauvées. Les gardes secouent la tête, impassibles. Matteo donne un coup de pied dans le grillage. L'opticien partage sa colère. Ils ont l'impression de les perdre une seconde fois.

« Je vous en prie, gémit Teresa en s'avançant elle aussi, agrippée à la clôture. S'il vous plaît, laissez-nous les voir cinq minutes. Juste cinq minutes ! » Elle implore son mari du regard.

« C'est très important pour nous, s'efforce-t-il d'expliquer, la voix brisée. Ils sont nos... ils sont mes… » Il ne trouve pas les mots. Qui sont-ils pour lui ? Des amis ? Il ne connaît même pas leurs noms, ignore d'où ils viennent. Pourtant, ce qui les relie se situe bien au-delà de l'amitié. Ces naufragés flottaient entre la vie et la mort. En tenant leurs mains dans les siennes, en les regardant reprendre leur respiration sur le pont du *Galata,* il a su qu'il touchait à l'essence même de la vie.

Pourtant, un autre bateau a décidé de les laisser se noyer. A continué sa route, les a ignorés, a détourné les yeux. Il sent sa gorge se serrer en pensant aux paroles de l'Érythréen. Il aperçoit dans les yeux de ses amis le reflet de sa peine. Connaît-il ces gens, ceux qui ne se sont pas arrêtés ? Leur a-t-il déjà serré la main ? A-t-il déjà dîné dans le même restaurant qu'eux ? Les a-t-il aidés à choisir des lunettes ?

Il se remémore ce dîner avec son père à Naples, alors qu'il était encore un jeune garçon. Son père lui avait parlé d'homme à homme, de ses désillusions sur la nature humaine. « Nous portons tous dans nos cœurs une tendance à la cruauté et une indifférence latente. Nous sommes tous capables de commettre des atrocités », avait-il proclamé. Le jeune homme qu'il était ne s'était pas senti concerné par ces paroles. Il n'avait pas connu la guerre. Il avait vu comme tout le monde les images des corps décharnés, des camps de concentration, mais il n'avait jamais imaginé faire le lien avec les personnes qui l'entouraient. Il avait répliqué que de telles horreurs appartenaient au passé, qu'on en avait tiré des leçons. Il se souvient du sourire triste de son père. Il revoit les hommes nus et si maigres sur le pont du *Galata*, leurs regards hagards, anéantis.

Teresa pose sa main sur celle de son mari pour le détacher doucement du grillage.

Ils reviennent près de l'entrée principale où des équipes de tournage essaient de filmer les migrants au travers du grillage. Un groupe de journalistes est en grande discussion avec deux gardes. Giulia s'approche d'une femme qu'elle connaît, l'interroge sur les recherches des garde-côtes. Puis se retourne en s'exclamant vers ses amis :

« Ils en ont sauvé une centaine d'autres ! Ils viennent tous d'Érythrée et de Somalie. Et ils ont trouvé les enfants ! »

L'un des journalistes, un homme vêtu d'une veste noire élégante, s'éloigne de la barrière, comme agacé par ces paroles. Il a l'air méprisant et rogue, juge l'opticien.

« Ils ont trouvé les enfants morts, corrige le journaliste. La plupart des femmes et des enfants étaient sous le pont, ils se sont tous noyés. Ils venaient pour la majorité d'Érythrée, il n'y avait que quelques Somaliens visiblement. » Il feuillette son bloc-notes et déclare : « Leur bateau a coulé vers deux heures ce matin, donc la moitié de ceux qui ont échappé au naufrage s'est noyée dans les heures suivantes. Les migrants ont raconté à la police qu'un bateau est passé devant eux sans s'arrêter. Ils devront enquêter là-dessus. » Il tourne la page. « La police confirme que le premier bateau qui s'est arrêté pour leur venir en aide n'est arrivé qu'après six heures du matin. »

Nerveux, l'opticien serre le poing et lui demande de clarifier l'heure du naufrage. Avec terreur, il se voit allongé sur sa couchette ce matin même, heureux d'être en vacances, hésitant à se lever pour faire du café. Paresseusement étendu, il écoutait en souriant les cris des mouettes. Qui étaient en fait des cris humains. Des supplications. Les appels au secours désespérés de ces malheureux déjà dans l'eau depuis quatre heures.

« Vous êtes d'ici ? demande le journaliste d'un ton affable. Apparemment, les civils qui les ont secourus sont de Lampedusa. On dit qu'ils ont sauvé près de quarante personnes. »

C'est au tour de Giulia de le contredire.

« Quarante-sept, soutient-elle fermement. Je le sais, car c'était nous sur ce bateau. »

Les voilà aussitôt encerclés, assaillis de rafales de flash d'appareils photo. Les journalistes se disputent et jouent des coudes pour les approcher. Francesco et Matteo regardent, déconcertés, l'homme à la veste noire fixer un minuscule microphone sur le revers de leur chemise, puis glisser les fils dans une poche de leur pantalon pendant que fusent les questions :

« Comment saviez-vous qu'il y avait un naufrage ? »

« Qu'avez-vous ressenti en réalisant ce qui était en train de se passer ? »

« Comment avez-vous réussi à sauver tous ces gens ? »

« Que pensez-vous du problème de l'immigration en Italie ? »

Subrepticement, l'opticien se glisse derrière le groupe, entraînant Teresa avec lui. Non seulement ils sont tous les deux trop timides pour cette publicité, mais il préfère aussi épargner à sa femme ce type d'interrogatoire. Il entend l'émotion poindre dans les voix de ses amis qui tentent de décrire cette tragique journée. La voix de Maria faiblit, elle s'interrompt pour respirer profondément, essuyer ses larmes. Les questions n'en finissent plus.

Quand il se tourne vers le centre d'accueil, l'opticien aperçoit le chien, rassasié d'avoir terminé tous les bols, chiper une chaussette à l'un des migrants. Il joue avec, la jette en l'air, lui court après, se roule dans la poussière. Il sait qu'à l'intérieur de ces bâtiments blancs se trouvent les quarante-sept personnes qu'ils ont sorties de l'eau. Ce maudit chien galeux est libre de les importuner alors que lui n'a même pas le droit de demander de leurs nouvelles !

Plus loin sur le chemin se tient un homme de son âge, au visage très doux. Il discute avec un demandeur d'asile vêtu d'un maillot de football aux couleurs du Manchester United. L'homme emmène le jeune garçon vers le portail et appuie sur l'interphone. Lorsque le garde se lève pour ouvrir la grille, l'homme pose une main paternelle sur le bras de l'adolescent, lui donne ce qui ressemble à un petit crucifix en bois accroché à une ficelle. Comme celle que leur a montrée l'Érythréen sur le talus, réalise l'opticien. Les portes du centre s'ouvrent, ils se serrent dans les bras. Le garde attend patiemment, après quoi l'Africain s'avance entre les bâtiments blancs. Avant de refermer la grille, le garde discute avec l'homme qui a donné la petite croix au jeune migrant, lui serre la main. L'opticien ne perçoit que des bribes de conversation mais reconnaît le

dialecte de Lampedusa. Ce monsieur est clairement un habitué des lieux.

L'opticien se demande pourquoi il n'est
jamais venu ici auparavant. Il entend de nouvelles voitures arriver. À quoi peuvent bien servir
tous ces agents ? Que font-ils ? Quoi qu'ils
fassent, conclut-il en regardant par le grillage le
centre d'accueil où les migrants se blottissent
sous leurs couvertures, c'est de toute évidence
insuffisant.

Une journaliste aux manières brusques lui
tapote le bras. Elle l'écarte du tourbillon média-
tique et suggère qu'ils aient une discussion. Ce
qu'elle aimerait, explique-t-elle en repoussant en
arrière ses boucles rousses, c'est un témoignage
très personnel de son ressenti à bord de ce
bateau, de ce qu'il a éprouvé en « sauvant tout le
monde ».

L'opticien lui adresse un regard vide.

« Nous n'avons pas sauvé tout le monde »,
répond-il sèchement. La dame aux cheveux roux
acquiesce. Naturellement, ils n'ont pas pu tous
les sauver. Mais quand même, il pourrait peut-
être décrire ce sentiment grisant d'avoir sauvé
des vies humaines et l'impuissance de n'avoir pu
secourir tout le monde.

« Je veux dire, j'imagine que vous avez dû

vous prendre un peu pour Dieu, non ? » le presse-t-elle.

Il scrute le visage de la femme. Il pourrait essayer de répondre à ses questions, décrire ses sentiments, mais elle ne comprendrait. Personne ne comprendrait jamais, pense-t-il, à part les sept autres qui étaient avec lui à bord du *Galata*. Eux-mêmes essaient encore de comprendre ce qui est arrivé. L'opticien décline l'interview.

Le journal local réclame des photos du groupe ainsi qu'un portrait de chacun d'entre eux. L'opticien est tout aussi hostile à cet exercice, mais accepte finalement. Les vives lumières du photographe le font cligner des yeux, il ne peut s'empêcher de jeter des regards furtifs vers le portail du centre d'accueil. C'est décidé : demain, il ira sur Internet enquêter sur l'Érythrée.

Le matin suivant, alors qu'il entre avec Teresa dans leur café habituel, une salve d'applaudissements les accueille. Le serveur lui lance le journal. Ils font la une, tous les huit en photo sous un énorme titre : « Les héros de Lampedusa ». Le tout suivi d'un long article faisant l'éloge de leur courage.

Étudiant les photos de plus près, l'opticien voit huit visages hagards, terrassés par l'épuisement et le deuil.

Francesco, le plus âgé d'entre eux, fixe l'objectif d'un air grave, comme un père obligé d'annoncer une terrible nouvelle à son enfant. Le visage de Maria est si bouffi de pleurs qu'on voudrait le prendre dans les mains, essuyer ses larmes. Dans le regard de Matteo sourd une douleur aiguë. Teresa sourit à moitié, comme désarçonnée. On dirait qu'elle va poser une question, qu'elle voudrait comprendre ce qui s'est passé. Sa calvitie à lui le dévoile davantage que les autres, pense l'opticien. Sa bouche est légèrement tordue sur le côté droit, et même s'il fixe l'objectif à travers ses lunettes à montures noires soigneusement choisies, il a l'air très préoccupé.

Il ferme le journal, fâché. Je ne suis pas un fichu héros. J'ai échoué. Nous avons tous échoué. Nous, l'Italie, l'Europe. Nous avons tous échoué !

8

Décidément, il y a trop de vent. Les palmiers se contorsionnent. Une chaise en plastique oubliée dévale la rue à toute allure. Mais l'opticien a besoin de courir, de s'éclaircir les idées.

Ce matin, de retour du café, il s'est assis devant l'ordinateur, faisant mine de traiter de la paperasse administrative. En réalité, il s'est mis à lire tous les articles qu'il a pu trouver sur l'Érythrée. Il a découvert que cette ancienne colonie italienne est gouvernée à la manière d'une dictature militaire. À seize ans, les adolescents doivent rejoindre l'armée pour toute leur vie. Les filles comme les garçons ! Pourquoi se cache-t-il pour faire ces recherches ? Lui-même ne le sait pas très bien, mais dès qu'il entend Teresa approcher il change la fenêtre de son écran et affiche ses feuilles de calcul habituelles.

Sur l'ordinateur de sa boutique, il a lu les terribles témoignages des migrants qui ont fui par le Sahara, les atrocités commises par les trafiquants sur ces personnes qui osent rêver d'Europe. Les passeurs leur volent l'argent et les téléphones portables, frappent les hommes et violent les femmes. En nouant ses lacets, l'opticien pense à la femme qu'ils ont sauvée hier, à son air fier et impavide. A-t-elle quelqu'un à qui raconter son histoire, quelqu'un pour la réconforter ? Difficile d'imaginer combien ces personnes sont seules.

Il prend dans ses mains la photographie posée sur son bureau et sourit tristement. Ses fils le regardent, rient aux éclats en faisant la ronde avec leur mère, fous de bonheur et d'insouciance. L'opticien referme la porte de la boutique derrière lui et grimace sous les assauts du vent. Sur le pont du *Galata*, certains étaient si jeunes : des adolescents également.

Il zigzague entre les pots de glace et les paquets de chips éparpillés dans la rue. Quelle vie de famille, quel avenir attendent ces enfants dispersés aux quatre coins d'un pays ? Enfermés dans des camps d'entraînement, loin de leur foyer, ils sont forcés de travailler dans les champs, de réparer les routes pour des salaires de misère. Il n'a pas réussi à terminer de lire un article évoquant les châtiments réservés aux déserteurs tant la brutalité des prisons d'Érythrée lui a donné la nausée.

Tu me diras, s'insurge-t-il intérieurement en passant devant la terrasse couverte d'un café où une douzaine de *carabinieri* sirotent des jus de fruit, Lampedusa n'est-elle pas devenue un maudit État policier ? Partout sur l'île, on est accueilli par des uniformes, des matraques et des pistolets. Triste geste de bienvenue. Une sirène résonne au loin, deux voitures de police dévalent la colline au bout du port, freinent, dérapent et changent de direction. Elles empruntent la piste qui mène au quai de Porto Favaloro. Très probablement pour attendre le retour des plongeurs. Il a aperçu les canots pneumatiques orange fluo des garde-côtes tourner toute la journée près du lieu du naufrage. Hier, les bateaux de pêche sont rentrés au port chargés de cadavres. Comment ont-ils pu en repêcher encore ?

Il veut les voir de ses propres yeux. Il se sent responsable de ces êtres dont il a effleuré la vie. Il sait qu'un policier zélé aura vite fait de lui bloquer l'accès. Alors, il continue sa course jusqu'à une étroite piste de sable et de terre, traverse le chantier de construction navale, se faufile entre les montagnes de débris métalliques et arrive face au quai. D'ici, il a une vue parfaite sur le débarcadère. Trop parfaite.

Des corps sont alignés sur le sol, sous des bâches en plastique vert kaki. La même couleur, se dit-il, que les tapis de sol dont il se servait avec ses fils en camping. Il y a aussi des grands sacs mortuaires, noirs ou bleu chirurgical, qui jouxtent des housses blanches, étrangement semblables aux sacs de recyclage des déchets. Les enveloppes présentent une bosse au niveau des pieds, avec occasionnellement une petite pyramide au niveau du torse, comme si les mains étaient jointes pour une dernière prière. Certaines paraissent atrocement vides. Elles renferment les dépouilles des enfants.

Il n'a pas honte de pleurer ici. C'est presque une forme de respect. Habituellement peu concerné par les déclarations du Vatican, l'opticien a été touché ce matin par les mots du pape entendus à la radio : « C'est une journée de larmes. Une honte, a-t-il ajouté. Une honte qui nous déshonore tous. » Il observe les garde-côtes balancer un lourd sac noir à côté des autres. Un grand, un moyen, puis deux petits sacs.

Il a du mal à concevoir que ces personnes n'existent plus alors que leur présence demeure si flagrante.

Pourquoi ne sont-ils pas tous placés dans le même sens ? Le premier de la rangée a la tête face à la mer. Le suivant, collé contre lui, fait face aux marches en béton de l'embarcadère. Vert, bleu, noir et blanc : une mosaïque macabre.

Surpris par une odeur de cigarette, l'opticien réalise qu'il n'est plus seul sur ce morceau de plage. Perdu dans ses pensées, il n'a pas fait attention au crissement des bottes sur le sable. Il salue le policier plongeur. Celui-ci hoche la tête poliment, puis compte les corps.

« Presque deux cents, dit-il en tirant une bouffée sur sa cigarette. J'ai l'habitude de voir des horreurs... Mais ça ? C'est... » Son visage tressaille tandis qu'il tente de ravaler ses larmes. « J'ai sorti de la cabine deux enfants de deux ou trois ans, raconte-t-il à l'opticien. C'était pitoyable. Ils avaient des chaussures neuves. Vous imaginez ? Leur maman leur avait acheté des chaussures neuves. »

Il jette son mégot d'une pichenette, fouille ses poches à la recherche d'une nouvelle cigarette. Les deux hommes s'assoient sur le bord du brise-lames, le menton calé entre les mains. L'opticien laisse entendre qu'il était sur l'eau hier. Qu'il était le premier sur les lieux du naufrage. De l'index, il montre les corps.

« On n'a pas été suffisamment rapide, n'est-ce pas ? » profère-t-il, la gorge nouée. Sa question n'attend pas de réponse, pourtant le plongeur explique à l'opticien que les personnes placées sous le pont n'avaient de toute façon aucune chance de s'en sortir. Il semble anticiper la question suivante et poursuit : « Je ne sais pas combien de temps ils ont eu. Pas longtemps, mais suffisamment, j'en ai peur, pour comprendre ce qui leur arrivait. Vous voyez… » Il hésite un long moment, cognant nerveusement du pied contre le brise-lames en bois. « Vous voyez, ils se tenaient tous par la main. Il y avait une jeune femme, vêtue d'une chemise blanche et d'un pantalon noir. Elle était coincée dans la cage d'escalier de la cabine, bloquée contre la porte. Lorsque mon binôme de plongée a tiré sur son bras pour dégager son corps, celui-ci s'est déployé, amenant avec lui une ribambelle d'autres corps, tous joints par les mains. C'est comme s'ils étaient devenus un seul corps gigantesque, continue le plongeur. Comme une guirlande en papier. Au fond du rafiot, il y avait une femme enceinte. D'autres mères serraient leurs enfants contre elles, dans une ultime étreinte. »

Qui sont-ils, tous ? Leurs familles sont-elles au courant qu'ils ont quitté le pays, et qu'ils en sont morts ? Leurs propres enfants ont dépassé la vingtaine, pourtant Teresa attend toujours d'eux qu'ils la préviennent s'ils partent en voyage, et lui fassent signe une fois arrivés à bon port. Ici, des centaines d'individus sont enfermés dans des sacs de couleur, sans identité, uniquement reconnaissables à une chemise blanche ou à des chaussures de cuir.

« Je ferais mieux d'y retourner, soupire le plongeur en se levant. La moindre des choses est de les ramener sur la côte. » Il observe pendant quelques instants son mégot de cigarette qu'il serre entre ses doigts. « Dire que j'ai arrêté de fumer il y a cinq ans », sourit-il.

Revenu sur la route, l'opticien accélère le rythme. Il court plus vite que d'habitude, force son corps à contrer le vent. À chaque foulée, son pied frappe le goudron et provoque un choc qui ricoche le long de sa colonne vertébrale. Poussière et sable fin, soufflés depuis la côte, le font tousser. Il crache, ses yeux le brûlent.

Quelle monstruosité ! De leur vivant ces personnes ont été privées d'avenir, et dans la mort d'une identité.

Il entre dans le cimetière sans même s'en apercevoir. Il pensait aux housses mortuaires et le voilà soudain dans un dédale de pierres tombales, de caveaux familiaux et de mausolées, tous blanchis par le soleil.

Ces tombes sont magnifiques. Les lettres noires et or ciselées profondément dans la pierre, les pots en fer remplis de fleurs séchées qui montent la garde, avec des briques en guise de poids pour résister aux caprices du vent. Des photographies ovales sont collées sur le marbre pour rafraîchir la mémoire des visiteurs. Ici, Rosa, quatre-vingt-deux ans, sourit devant un gâteau d'anniversaire. Elle est rejointe l'année suivante par son mari Antonio, un médecin à la retraite vêtu d'un pull rouge, un chat caramel dans les bras. Dans le caveau suivant, Andrea a visiblement fait une superbe carrière militaire : sur sa photo de mariage datant de 1940, il était déjà décoré de nombreuses médailles. Vingt ans plus tard, c'est au tour de leur fils. L'opticien balaie une fleur desséchée pour lire l'inscription : biologiste marin.

Il déambule dans le cimetière, s'arrête çà et là devant un nom qui l'interpelle, une pierre tombale singulière. Il se penche pour redresser un pot de fleurs renversé par le vent. Un peu plus loin, il entend quelqu'un siffloter.

Arrivé au milieu du cimetière, son regard est attiré par un petit lopin de terre laissé à l'abandon. Il s'approche avec curiosité. La terre mêlée de sable est craquelée par la sécheresse, les crevasses remplies de pissenlits, d'ajoncs et d'herbes marines hérissées de piques. Deux croix fragiles, plantées dans un bloc de béton effrité, semblent lutter pour ne pas se faire emporter par le vent. D'autres ont déjà capitulé et gisent, face contre terre, au milieu des épineux. Il en retourne une avec son pied et lit le chiffre 8, tracé à la peinture noire et à moitié effacé.

Un bruit de claquettes se rapproche. Apparaît alors un homme plus âgé que lui, mal rasé, vêtu d'un polo gris maculé de peinture blanche. L'homme pose sa pelle et un seau de plâtre.

« Les pauvres, confie-t-il à l'opticien en mordant sa lèvre inférieure de sa dernière dent. Depuis trente ans que je travaille dans ce cimetière, je les salue toujours en passant. »

L'opticien le regarde sans comprendre.

« Les migrants, explique l'homme d'un ton détaché. Les migrants anonymes noyés au large de Lampedusa. C'est moi qui les ai tous enterrés. Je suis le fossoyeur. »

L'homme gratte des morceaux de plâtre coincés sous ses ongles. L'opticien fixe la pelle en pensant aux sacs mortuaires alignés sur le quai. C'est ici qu'ils vont finir ? Abandonnés dans un carré de mauvaises herbes, avec un bout de bois vaguement planté dessus ?

Le fossoyeur raconte que le cimetière compte une soixantaine de tombes pour les migrants. Entassées, dit-il, là où ils ont pu trouver de la place. Il lui est arrivé de glisser secrètement des dépouilles à l'intérieur d'un caveau familial à l'abandon. Mais il est impossible de faire ça avec des tombes encore visitées : les familles n'apprécieraient pas. En revanche, les pauvres âmes noyées hier sont trop nombreuses pour être inhumées ici. Plus de deux cents corps, à en croire Madame le maire qu'il vient d'entendre à la radio. Elle a exigé des cercueils pour eux. Ils seront envoyés en Sicile, sauf si des membres de la famille demandent à les récupérer. « On peut toujours rêver », dit-il en se grattant les quelques poils blancs du menton.

Avec sa respiration bruyante, il guide l'opticien vers un angle du terrain, en traînant ses claquettes sur la terre aussi desséchée que la peau de ses talons couverts de corne et de crevasses.

« Je l'ai enterré il y a quelques semaines, lâche-t-il d'un ton bourru, en passant sa main calleuse sur une dalle en ciment blanc surplombant un monticule. Un jeune homme. De dix-sept ans, d'après eux. Probablement originaire d'Érythrée. Noyé en tombant d'un canot pneumatique. »

L'opticien penche la tête pour lire la plaque. Le jeune Érythréen partage son caveau avec un homme moustachu au regard sévère. La photographie le montre habillé d'une veste bleu pétrole et d'une cravate plus claire. Un pastel de la Vierge Marie et deux *putti* gravés dans la pierre veillent avec adoration sur l'homme à la moustache. L'abondance des détails, les ailes déployées des angelots renforcent le dénuement du bloc de ciment placé juste au-dessus. Si bien qu'on pourrait oublier jusqu'à l'existence du garçon.

Le fossoyeur semble avoir deviné ses pensées. « Je ne connais pas son nom, c'est vrai, bougonne-t-il. Mais je me souviens de lui. Croyez-moi, je me souviens de tous ceux qui sont là. »

Le vent recommence sa parade, joue avec des arrosoirs en plastique, des bouquets de fleurs séchées qu'il promène entre les tombes et les allées, projette à terre et fait tournoyer au milieu des sentiers sablonneux. Un grand panneau de plastique brisé par le vent fait la roue jusqu'à eux, le fossoyeur l'arrête du pied et le ramasse en maugréant. « Il était mal fixé. Et voilà que le vent l'a arraché à sa tombe ! » éructe-t-il en s'éloignant, furieux. L'opticien s'approche du mince morceau de plastique pour en déchiffrer les inscriptions incomplètes.

Ici repose le corps d'un anonyme ......
Noyé au large de Lamp...
Probablement originaire de la Corne de l'A...
Il avait environ vingt ans.

Il retrouve le fossoyeur devant un mausolée de marbre, s'ingéniant à étayer l'autre moitié du panneau à l'aide d'un pot de fleurs et d'un bloc de béton.

« Pourquoi les laisse-t-on pourrir ici ? implore l'opticien. Pourquoi personne ne veille sur eux ? »

Brusquement, le fossoyeur se retourne avec des éclairs dans les yeux, et grommelle :

« Pourquoi on les laisse mourir ainsi ? lâche-t-il d'une voix rageuse, en roulant les *r* théâtralement. Répondez donc à *cette* question ! » Il saisit l'éclat de plastique des mains de l'opticien et l'agite sous ses yeux. « Pourquoi l'Europe fait-elle le strict minimum pour arrêter ça ? Dites-moi un peu ! Tout ça me rend fou ! »

L'opticien reste coi. Il tient les deux morceaux de plastique accolés en même temps que le fossoyeur les cale entre un pot et quelques pierres. L'opticien fixe longuement la plaque. Laissés à l'abandon, privés de leur nom, ces gens ne sont plus rien pour personne.

Le fossoyeur presse la paume de sa main contre la pierre.

« Chaque fois que j'en enterre un, j'espère que ce sera le dernier, soupire-t-il. J'espère toujours que ce sera le dernier. » Il ramasse son seau de plâtre, salue d'un geste de la tête et s'en va en claudiquant, le souffle rauque.

L'opticien a subitement froid, seul dans le cimetière. Il décide d'écourter sa course et de rentrer chez lui. L'énergie qu'il a déployée depuis la veille commence à l'abandonner. Ses membres sont lourds. Sur le chemin du retour, il repense aux paroles du fossoyeur.

Pourquoi si peu de mesures sont-elles appliquées pour mettre fin à ces tragédies ? C'est la providence qui a envoyé le *Galata* au bon endroit, plus ou moins au bon moment. Tout le monde sait que la mer regorge de bateaux pleins de migrants. Pourquoi n'a-t-on pas mis en place une surveillance professionnelle, des équipes prêtes à réagir en permanence ? Dans sa tête, d'habitude vide et sereine sur ce dernier tronçon avant la maison, les questions se bousculent.

Il trouve à son arrivée Maria et Francesco en train de discuter avec Teresa. Ils lui tombent dessus aussitôt la porte de la boutique franchie.

« On est invité à une commémoration demain ! annonce Teresa avec un grand sourire. Le bureau du maire a appelé pour nous convier. On va les revoir ! Ils y seront tous. » Elle prend la main de son mari et la serre fort. « On va les revoir ! »

Francesco donne quelques précisions, il a tout noté sur un morceau de papier. Ce sera un service de commémoration et de réflexion, dans un hangar de l'aéroport où attendent les cercueils. Tous les survivants seront là, les sauveteurs sont invités, ainsi que le maire et quelques politiques. Ce sera un service rapide, avant de transférer les corps en Sicile. Il y aura une minute de silence pour rendre hommage aux morts.

Maria a les larmes aux yeux. « Tu y crois, toi ? demande-t-elle. Le gouvernement a annoncé que chaque défunt aura droit à des funérailles nationales ! » Elle sourit à Teresa. « On en parlait justement : c'est signe que tout va changer. »

L'opticien esquisse un faible sourire. Il repense à ce simple morceau de plastique déchiré par le vent sur la tombe du jeune migrant. À toutes les croix de bois anonymes, piétinées, que les herbes folles semblent résolues à étouffer en silence. Des funérailles nationales, quel noble geste ! Le geste noble d'une conscience coupable ! Il tente d'imaginer les cercueils recouverts du drapeau italien rouge-blanc-vert. La fanfare militaire jouant gravement pendant que des soldats porteront les cercueils jusqu'au cimetière où les attendra un emplacement soigneusement choisi : à l'ombre, ils reposeront tous ensemble dans un grand mausolée. Au risque de paraître cynique, l'opticien ne parvient pas à y croire, il en est incapable.

9

Pour l'opticien, se rendre à l'aéroport est toujours une joie – n'est-ce pas le cas de tout le monde ? C'est souvent le prélude des retrouvailles avec les enfants à Naples. Pour lui comme pour Teresa, cela est synonyme de rires, de dîners en famille, de vacances en somme.

Aujourd'hui, pourtant, il ne décèle pas l'ombre d'un sourire sur les visages des huit membres d'équipage du *Galata*. Ils traversent l'aérogare en silence, serrés les uns contre les autres. La hâte qu'ils éprouvent à revoir les rescapés est atténuée par l'angoisse de faire face aux cercueils.

Teresa craint de ne pas reconnaître ceux qu'ils ont sauvés. Ils la trouveront méprisante si elle ne les distingue pas des autres migrants, confie-t-elle à son mari. Lui maudit son anglais inexistant et s'accuse de ne même pas savoir quelle est leur langue natale. Il voudrait leur expliquer qu'ils ont essayé de les revoir, qu'ils se sont inquiétés d'eux, qu'ils ont appelé l'hôpital à plusieurs reprises pour prendre des nouvelles des blessés. Comment dit-on « nous n'avons cessé de penser à vous » en langage des signes ? Comment leur expliquer la complexité des règles établies à l'égard des migrants et leurs tentatives avortées de pénétrer dans le centre d'accueil ? Il veut leur faire comprendre qu'ils ont tout essayé, que pas un instant ils ne les ont oubliés.

Heureusement, les retrouvailles sont joyeuses et spontanées. Les migrants les attendent à l'entrée du hangar. Ils s'élancent vers le groupe d'amis dès qu'ils les aperçoivent, les bras tendus comme des enfants ivres de joie. Ils les prennent dans leurs bras. Certains mesurent près de deux mètres et se laissent consoler sur l'épaule des femmes.

L'opticien n'est pas un homme à l'aise avec le contact physique. Il n'est pas de ceux qui posent facilement une main réconfortante sur le genou ou l'épaule de leur interlocuteur. Teresa lui reproche souvent son attitude froide avec les inconnus. Pourtant, lorsque le premier garçon vient lui serrer la main pour le remercier, cela ne lui suffit pas, il le serre fort contre lui. Il n'a jamais voulu abandonner ce garçon. Ni les autres. Aucun d'entre eux.

Les deux groupes n'ont pas de langue en

commun, mais cela n'a guère d'importance. Les rescapés comprennent que l'équipage du *Galata* s'est inquiété de leur sort. Certains les rassurent par des gestes. Le pouce levé vers le haut, avant de pencher la tête sur leur paume ouverte pour indiquer qu'ils sont fatigués. L'un des adolescents saisit la main de l'opticien et la plaque sur sa poitrine. Il sent les battements de son cœur. Le jeune homme lui sourit en le pointant du doigt. L'opticien saisit le message. Tu m'as donné la vie, lui dit-il par gestes. Tu m'as sauvé la vie.

L'opticien se présente et ils essaient de répéter timidement son prénom, en roulant ces étranges syllabes comme pour les apprivoiser. Eux aussi donnent leur nom. Mais ils sont si nombreux que les sons se mélangent. Dans cette grande agitation, il tente de les compter. Ils semblent tous là. Ils sont tous venus.

Ils s'alignent pour embrasser Francesco l'un après l'autre. Ils voient en lui le doyen, le chef. Ils comprennent que le *Galata* est son bateau. Ils le regardent avec émerveillement. Ils l'ont baptisé « Père », et embrassent sa main. « Notre Père. »

Pour ce moment solennel, ils sont vêtus des fripes distribuées par le centre d'accueil et ont l'air presque aussi déguenillés qu'à bord du *Galata*. Retenus par des fils de nylon bleu, les pantalons semblent suspendus à leurs minces hanches. La plupart ont des maillots à l'effigie de clubs de foot italiens dont ils n'ont sans doute jamais entendu parler. Ils ont aux pieds des baskets usées et les derniers servis se sont contentés de claquettes dépareillées. L'un des hommes, le regard mélancolique, porte une paire de chaussons en fourrure dont le pompon manque au pied droit. Dans une autre vie, pense l'opticien, cela aurait pu être comique. Ici, ce tableau est si pathétique qu'il n'a qu'une envie : ôter ses propres chaussures pour rendre à cet homme un semblant de dignité.

Treize mille demandeurs d'asile sont entrés en Italie cette année. C'est ce que Gabriele leur a dit en passant les chercher en voiture pour se rendre à l'aéroport. Jusqu'à maintenant, ce n'était qu'un nombre quelconque, vide de sens. Une statistique parmi d'autres. Aujourd'hui, ils font face à ces demandeurs d'asile en chair et en os. Ils sentent contre leurs joues le sel de leurs larmes. Des hommes si jeunes, des noms mélodieux, des cœurs gonflés de vie et de promesses. Des noms, se dit-il, pas des nombres. Des noms !

Parmi les rescapés, une poignée de femmes attend près de la porte. Il reconnaît immédiatement celle qu'ils ont sauvée à ses longues nattes attachées avec un foulard noir. Elle a troqué son

T-shirt turquoise pour une longue chemise noire. Son allure fière n'a pas changé. Il voudrait la serrer dans ses bras, mais elle est visiblement terrifiée à l'idée que l'on s'approche d'elle.

Quand Elena tente de l'embrasser, elle exprime sa gratitude avec politesse et sincérité, en anglais puis en italien. Elle se tient toute raide entre les bras d'Elena. À l'inverse des hommes, elle ne se laisse pas entraîner dans une étreinte chaleureuse. Quelle force elle doit avoir pour retenir ses larmes ! Matteo, Francesco, Gabriele et l'opticien sont quant à eux bien incapables de contenir leur émotion.

C'est Maria qui remarque les mains meurtries de la jeune femme. Lorsque vient son tour de lui parler, voyant sa gêne à être enlacée, elle prend simplement ses mains dans les siennes. La jeune femme laisse échapper un cri de douleur. Maria retourne ses paumes et ne peut retenir un cri, elle aussi. La pulpe de chacun de ses dix doigts est rougie, parfois noircie. Des cloques et des boursouflures jaunâtres complètent les brûlures.

« Qui t'a blessée, ma chérie, qui t'a fait du mal ? » lui demande Maria, paniquée, en caressant le visage de la jeune femme. Celle-ci hausse les épaules et sort de sa poche un briquet et un reste de sac en plastique de supermarché.

« Pas d'empreintes, explique-t-elle avec un sourire gêné. Pas d'empreintes. »

L'opticien est pris d'un haut-le-cœur. Il a lu dans les journaux que les migrants essaient parfois d'effacer leurs empreintes digitales. Cela afin de contourner le règlement européen qui oblige les réfugiés à demander l'asile dans le premier pays sûr où ils arrivent. Peu d'entre eux veulent rester en Italie où le travail manque, d'où leur tentative de rejoindre les pays du nord de l'Europe. Mais si les autorités les contrôlent dans un autre pays d'Europe et que leurs empreintes digitales sont enregistrées dans les bases de données, ils sont renvoyés à la case départ. Cependant, il n'avait jamais réfléchi à ce que cela signifiait vraiment. Il frémit à la vue des cloques gonflées.

Avec délicatesse, l'opticien tient les poignets de la jeune femme, scrute ses mains brûlées puis secoue la tête. L'image de la poupée brisée s'impose soudain à son esprit, celle qui gisait dans l'herbe à côté du centre d'accueil. Avec son visage tordu et écrasé, sa cavité béante et sa pile dégoulinante. Quelle brutalité ! Ces personnes n'ont-elles pas assez souffert ? Ne sont-elles pas suffisamment blessées sans devoir s'infliger ça ? L'opticien est tellement bouleversé qu'il ne parvient pas à articuler un mot. Il voudrait demander à la jeune femme où elle compte se rendre, si elle a de la famille qui l'attend. Mais il doute de pouvoir terminer sa phrase. La gorge nouée, il la regarde dans les yeux, espérant qu'elle comprenne. Il lui souhaite un avenir meilleur, il ne l'oubliera jamais. Elle se dégage doucement et s'éloigne de lui.

À l'intérieur du hangar, des cercueils identiques sont alignés avec une précision militaire. Sur chacun des couvercles en acajou poli trône une rose rouge. Il y en a plus d'une centaine. Devant cette scène macabre sont posés quatre minuscules cercueils blancs. Ils sont décorés d'un ourson en peluche, souriant dans sa marinière bleu et blanc, avec un cœur rouge sur le ventre. Deux de ces cercueils sont occupés par les nourrissons aux chaussures neuves, en cuir verni. Numéro 92 et numéro 14. L'opticien tire sur un fil qui pend de la manche de sa veste, l'enroule autour de son doigt, serre aussi fort que possible. Il tente de juguler en lui un raz-de-marée d'émotions. Il ne sait s'il aura le courage de rester pour la cérémonie.

Observant le fond du hangar, Matteo tiraille les poils de sa barbe. Il évite de regarder les cercueils. Avant que ne débute la cérémonie, il se penche vers l'opticien et chuchote :

« Tu sais que la semaine dernière treize personnes sont mortes au large de la Sicile ? Je n'ai pas même prêté attention à la nouvelle. Je n'ai pas eu une pensée pour eux. »

Il n'est donc pas le seul à être dévoré par la culpabilité.

Lorsque débute la cérémonie de commémoration, on leur demande de se tenir du côté des sauveteurs, des garde-côtes et des pêcheurs venus au secours des naufragés. De cette place, l'opticien observe les migrants en deuil face aux cercueils : courbés de douleur, repliés sur eux-mêmes, la tête entre les genoux. Trois femmes entonnent la même lamentation que sur le bateau. Cette cérémonie est la leur. Elle est pour les morts et les survivants. Il aurait été intrusif de se tenir au milieu. Il entend la respiration saccadée de Teresa, luttant pour maîtriser sa propre angoisse. Il n'ose pas la regarder mais serre doucement sa main. Il est soulagé de constater qu'aucune caméra n'a été autorisée à filmer ces moments si intimes.

L'opticien s'efforce de concentrer son attention sur la cérémonie. Un parfum musqué d'encens et de fines volutes de fumée de bougie emplissent l'air. Un imam et un prêtre catholique récitent tour à tour des versets, chantent des prières. Le son ténu de leurs voix résonne très légèrement dans l'immensité du hangar. Bien que non croyant, l'opticien est envoûté par la beauté de ces chants, par la gravité du moment. Il prend conscience du sacré, de la pureté, du caractère unique de cet événement. C'est décidé, il va rester. Il se forcera si besoin. Il leur doit bien cela.

Il y a deux à trois cents personnes debout autour des cercueils. Pourtant, elles paraissent minuscules et insignifiantes dans tout cet espace. Quelques hommes en costume, probablement des politiques de Rome ou de Sicile, se tiennent raides comme des soldats. On les voit tantôt répondre aux prières en marmonnant, tantôt se signer. Madame le maire, le visage enfoui dans son mouchoir, a le corps secoué de sanglots.

Le prêtre récite comme un long poème les noms des morts. Des sonorités étrangères qui s'enchaînent de telle sorte que l'on ne sait où un nom se termine, où le suivant commence. Efrem, Asmeret, Gaim, Biniam, Niyat, Senait. Quelque part dans le monde, des mères chérissent les photos de ces fils et filles disparus, attendent anxieusement un coup de téléphone, une voix qui les rassure : les enfants sont bien arrivés, ils sont sains et saufs.

Il dévisage la seule femme qu'ils ont sauvée, elle souffle sur ses doigts douloureux. Comment s'appelle-t-elle ? Son frère est-il dans l'un de ces cercueils ? Il imagine comment ils ont préparé leur voyage, rassemblé tout leur courage. Comment ils se sont rassurés mutuellement.

L'opticien examine les visages des survivants. Il y devine toutes les espérances déchues, ce rêve d'Eldorado évanoui. Comme cette Europe devait être vivante et excitante dans leurs imaginaires ! Ils rêvaient d'éclats de rire. Ils s'imaginaient un travail et une maison. Un pays libre. À cet instant précis, l'opticien lit dans leurs yeux le chemin parcouru, le mythe soudain altéré comme la peinture des épaves qui pourrissent près du port. L'opticien ferme les yeux pour suspendre ses larmes. À quoi tout cela sert-il ? Oui, ils les ont sauvés. Et maintenant, quel avenir les attend ? Tous leurs espoirs sont anéantis. Comment les aider à rêver de nouveau ? Comment y croire ? Nul ne leur a jamais dit qu'en Europe la souffrance existe aussi ? Qu'on peut y être malheureux et misérable ?

Il se sent tout à coup épié. Un des garçons le fixe. Il s'essuie rapidement les yeux du bout de sa manche. L'adolescent ne détache toujours pas son regard. L'opticien reconnaît ces yeux implorants, les mêmes que lorsqu'ils étaient dans l'eau. Sauvez-nous. Aidez-nous. Par pitié.

L'opticien joint ses mains. Il ne sait pas lui-même s'il prie, ni ce qu'est une prière. Il remarque la tête baissée de Francesco et se demande si son ami est croyant. Il n'en est pas sûr. Ils ne parlent jamais de ces choses-là. Gabriele se mord une phalange, l'air fébrile. Giulia marmonne des mots incompréhensibles, en tournicotant ses boucles d'oreilles en forme de tortue. Il retire délicatement la bougie des mains de Teresa. De grosses gouttes de cire brûlante lui dégoulinent sur les doigts. Entre les sanglots, elle répète en boucle les mêmes questions : « La police pourra-t-elle relier chaque mère à son enfant ? Comment les enterrer ensemble ? » Voir ces petits cercueils isolés l'épouvante. « Aucune mère ne voudrait être séparée de ses enfants, insiste-t-elle, il faut absolument les réunir. »

L'opticien n'a pas raconté à Teresa ce que le plongeur de la police a trouvé dans l'épave : cette femme serrant contre elle ses enfants chaussés de souliers neufs. Il fait de son mieux pour rassurer son épouse. Mais au fond il ne sait rien. Il suppose que les corps des mères et des enfants seront rassemblés au hasard. Des êtres sans identité seront enterrés aux côtés d'inconnus dans un pays dont ils ont rêvé mais qu'ils ne connaîtront jamais.

Des journées entières à repêcher les morts. Les plongeurs avaient dû localiser les corps, dissocier les membres enchevêtrés, attacher ensemble les cadavres à l'aide d'une corde avant de les remonter à la surface. Il y a quelques jours, de retour du port après avoir acheté des crevettes chez le poissonnier, l'opticien avait brusquement décidé de bifurquer à droite. Comme aimanté malgré lui par l'étroite plage au sable épais, face à l'embarcadère des garde-côtes. Plus par espoir que par voyeurisme. Il s'accrochait à l'idée absurde de survivants potentiels. Il voulait rapporter une bonne nouvelle à Teresa. Sa femme en avait désespérément besoin. Mais, après avoir traversé le chantier naval et le tronçon de plage, il avait surpris la silhouette voûtée du policier plongeur : assis sur le brise-lames, la tête entre les mains, blotti comme pour se protéger de quelque coup, le corps agité de hoquets saccadés. Avec respect, l'opticien avait rebroussé chemin.

Voilà que la cérémonie touche à sa fin. Dieu merci : il a besoin de prendre l'air. À cet instant, ou peut-être demain, un bateau de migrants est en train de quitter la côte libyenne, plein à ras bord et ballotté par la houle, avec pour vague objectif l'île de Lampedusa. Il déglutit. Combien d'entre eux survivront ?

En sortant du hangar, l'opticien ressent le besoin de s'éloigner des cercueils. Toute cette mort, cette tristesse, ce désespoir face auxquels il est impuissant. Il voudrait courir jusqu'à chez lui, rembobiner la cassette de ces derniers jours, mettre pause au moment où ils sont montés à

bord du *Galata,* effacer cette scène et la rempla-
cer par une autre. Revenir à l'heure de l'*aperitivo*
dans ce bar bruyant que Matteo aime tant, pré-
voir un simple pique-nique à la plage des Lapins,
déguster des glaces à la pistache chez la fille de
Francesco… Tout, tout sauf ça !

Teresa l'emmène par la main pour se recueillir
devant les quatre petits cercueils blancs. Les oursons les regardent, sourires figés et indifférents.

Après la cérémonie, les adieux sont brefs. La
police raccompagne rapidement les réfugiés au
centre d'accueil. Deux femmes sont ramenées
de force. Leur complainte reprend, lancinante.
On les escorte jusqu'au fourgon de police.

La séparation est indescriptible. L'opticien n'a
plus le contrôle de ses émotions. Des sons étranges,
des gémissements jaillissent des étreintes. Il ne
sait pas si ces plaintes émanent de Francesco,
d'un autre ou de lui-même. Il veut les protéger.
Il ne sait pas ce qui les attend mais il veut les
aider.

Les survivants articulent des mots dans leur
langue, entrecoupés de bribes d'anglais. Ils s'agrippent à eux, les serrent dans leurs bras. Le seul
mot que discerne l'opticien est « merci ». Mais il
n'a pas besoin de comprendre leur langue pour
savoir ce qu'ils veulent exprimer.

En manœuvrant dans le parking, les phares

du fourgon de police balaient le groupe d'amis un bref instant. Le temps d'entrevoir les visages anéantis de Gabriele et de Francesco, celui de Matteo inondé de larmes. C'est la première fois qu'il voit ses amis pleurer.

Ce soir-là, ils veillent tard avec Teresa, incapables de retrouver le calme. Ces trois derniers jours sont assurément les plus intenses de sa vie. De leur vie à tous. Sa femme a l'air abattue, dévastée. Il ne fait d'ailleurs pas meilleure figure. Un de ses clients lui a demandé ce matin s'il était malade. L'opticien a eu des deuils, des chagrins, comme tout le monde mais jamais il n'avait soupçonné l'existence d'une tristesse aussi profonde, aussi absolue. Il ne peut imaginer éprouver de nouveau une telle angoisse.

Teresa insiste pour regarder les informations. Il allume la télévision à contrecœur. Il préférerait ne pas l'exposer pour la deuxième fois dans la journée aux horribles images des cercueils. Il se raidit sur sa chaise. Le policier plongeur avec qui il a discuté la veille est interviewé sur le quai. Deux de ses collègues l'entourent de leurs bras, comme pour le protéger.

La voix tremblante, l'homme raconte qu'ils ont trouvé aujourd'hui une très jeune femme coincée dans la proue du bateau. Elle serrait contre elle des guenilles roulées en boule. Il s'est approché d'elle pour libérer ses mains. En retirant le vêtement, il a découvert un tout petit bébé. Sa vue s'est brouillée de larmes sous son masque de plongée. Il a manqué de s'étouffer : le bébé était encore relié à sa mère par le cordon ombilical.

« Quel naïf je fais ! rumine l'opticien. Quel naïf ! Il y aura toujours une tristesse plus profonde, plus absolue, insondable, indicible. »

10

L'opticien est soucieux : Teresa est assaillie de cauchemars. Deux semaines ont passé depuis le sauvetage, et ses nuits restent hantées. Tous sont poursuivis par les mêmes visions traumatiques. Ils en parlent entre eux. Gabriele souffre d'insomnies. Sa peau est aussi translucide que du papier-calque et ses yeux bleus ont perdu toute vitalité. Elena, Matteo et Francesco contiennent avec peine leur irritation. Elena s'est brouillée avec son patron au téléphone, Matteo avec sa copine avant de la quitter. Giulia et Maria sont exténuées et déprimées. Tandis que Maria se replie sur elle-même, cachée dans les torsades de son écharpe, les cheveux de Giulia, indomptables en temps normal, sont hirsutes. Enfin, c'est sans doute Teresa qui souffre le plus. Régulièrement, elle se réveille en sursaut, suffocant et secouée de sanglots. Ses mains agrippent des formes imaginaires.

La semaine dernière, paniqué de voir sa femme dans cet état, l'opticien l'a emmenée à l'hôpital au milieu de la nuit. Des crises d'angoisse, a expliqué le médecin. Il sait que Teresa devrait parler à quelqu'un, mais lui ne trouve pas la force de ressasser cette tragique journée.

Un jour, elle est descendue dans la boutique en robe de chambre. Il l'a raccompagnée vers l'escalier, affolé à l'idée qu'un client entrât à cet instant-là. Ses yeux vert émeraude le dévisageaient comme s'il lui rappelait vaguement quelqu'un, comme si elle tentait de déchiffrer un message plus profond.

L'opticien ne se confie pas à sa femme, mais la scène du naufrage le hante lui aussi. La nuit, il la repasse en boucle dans son esprit. Des images en haute définition, sans le moindre son. Les naufragés appellent au secours, supplient. Il voit la bouche de Francesco, déformée comme s'il criait quelque chose d'inaudible. Il n'entend aucune parole, pas même le bruit de la mer. Il se tient immobile, incapable de bouger tandis que les têtes sombrent l'une après l'autre, avalées par les vagues.

Pour être tout à fait honnête, cela n'arrive pas que la nuit.

Le vrai problème, c'est que la tristesse ne s'atténue pas. Les cercueils ont été envoyés en

Sicile. Presque tous les survivants ont été trans-
férés sur le continent. Mais la mélancolie
demeure. Chaque matin, elle monte depuis la
mer et traîne sur l'île comme un fin brouillard
d'octobre. Ses doigts humides et froids s'in-
filtrent dans tous les recoins.

La douleur a été aussi ravivée avec la venue
des proches. Il leur incombe la triste tâche
d'identifier les corps à partir des photos prises
par les policiers. Ils se rassemblent dans les cafés
et les bars de l'île, eux les chanceux qui ont
réussi à atteindre l'Europe et ont souvent financé
ces funestes traversées.

À l'heure du déjeuner, on les voit stationner
devant le poste des *carabinieri*, jouxtant la boutique de l'opticien. Ils accostent chaque homme
en uniforme, qu'il entre ou qu'il sorte, pour le
presser de questions, lui tendre des photos de
leurs enfants, oncles et tantes. L'opticien les voit
faire les cent pas devant les portes de Porto
Favaloro, attendant le retour des plongeurs et
des équipes de sauvetage. À peine ont-ils posé
un pied à terre qu'ils les interrogent, les suivent
jusque dans les bistrots. Un jour, alors qu'ils se
sont attablés dans un café avec Teresa, ils ont
remarqué un homme hésiter devant une photo
agitée sous ses yeux. Interrompant son petit
déjeuner, le plongeur s'est essuyé la bouche,

encore grasse d'un savoureux *arancino,* pour s'emparer de la photo. Il l'a examinée de près, a soufflé quelques mots à l'oreille de son collègue. Puis, abandonnant leurs assiettes intactes, les deux agents ont accompagné la femme jusqu'à leur 4×4 garé devant le bar pour la conduire jusqu'à la morgue. Habituellement, dans ce genre de situation, l'opticien remarque que les policiers se grattent le menton d'un air gêné, puis secouent la tête en s'excusant avant de prendre congé.

Aujourd'hui, les familles ont également pris leurs quartiers dans la boutique de Francesco. Du haut de son tabouret, l'opticien les observe et les écoute qui crient dans leur téléphone portable. Une cacophonie de langages s'élève du bar à glaces : anglais, arabe, italien, allemand et des dialectes qu'il ne reconnaît pas. Sur les tables sont éparpillés des photographies et des morceaux de papier gribouillés. Machinalement, ils raccrochent, l'air découragés, rayent un numéro de téléphone sur leur bloc-notes ou sur une simple serviette en papier, en griffonnent un nouveau et recommencent.

Un jeune Africain, vêtu d'un jean déchiré à la dernière mode, remarque les mines préoccupées de Francesco et de l'opticien. Il vient à leur rencontre et se présente. Il est étudiant à l'université de Munich. Il n'était qu'un nourrisson lorsqu'il a quitté l'Érythrée avec ses parents, mais aujourd'hui, venir à Lampedusa pour aider les proches des victimes est pour lui un devoir. Il fait donc office de traducteur pour ces personnes qui s'entêtent à contacter les passeurs afin de savoir si leur nièce, neveu ou cousin disparu était à bord du bateau naufragé. L'étudiant leur traduit à mi-voix des bribes de conversation.

« Il portait peut-être une veste en jean », soupire un homme d'une voix fébrile. Il pose ses lunettes sur le sommet du crâne en se frottant les yeux. « Et il a une cicatrice en forme de croissant sur la joue gauche. » L'homme déplace la photographie sous la lumière. « Non, attendez ! Sa cicatrice est sur la joue droite ! Est-ce que cela vous rappelle quelque chose ? Il a embarqué à Misrata. Il a dix-huit ans, mais il fait un peu plus âgé... »

La plupart des personnes présentes ont l'air instruites et distinguées. Son œil aguerri d'ancien tailleur reconnaît une veste Armani beige, élégamment coupée, portée par une Africaine de son âge qui jongle avec deux mobiles, parlant tantôt italien, tantôt une autre langue.

« D'après sa mère, elle porte toujours une bague en forme de serpent enroulé. Cela ne vous dit rien ? Nous sommes sans nouvelles depuis deux semaines. Elle est sans doute passée par Misrata. S'il vous plaît ! »

L'opticien supplie intérieurement le jeune homme de cesser de leur traduire les paroles de ces pauvres gens. Les entendre demander des faveurs à des criminels insensibles lui retourne l'estomac. Il sirote son *espresso*, un goût amer dans la bouche.

Le passeur a été arrêté. Il a été identifié au centre d'accueil par des rescapés qui l'ont dénoncé à la police. C'est un Tunisien connu pour faire partie d'une vaste organisation de trafiquants. Il a déjà été expulsé d'Italie par le passé. Les migrants ont décrit les traitements subis à bord du bateau : les femmes violées quand elles n'ont pas pu régler la totalité de la somme requise, les hommes battus s'ils se plaignaient des conditions de la traversée. Francesco et l'opticien prennent connaissance de ces informations en même temps, dans le journal posé sur le comptoir du bar. Francesco lève les yeux en balbutiant : « La fille. La fille que nous avons sauvée. »

Plus de trois cent cinquante corps ont été repêchés. Les équipes de plongeurs de la police cherchent encore. Un autre naufrage a eu lieu cette semaine entre Malte et Lampedusa. Des Syriens cette fois, et des Palestiniens. Trente-quatre d'entre eux ont péri noyés avant l'arrivée des garde-côtes. Cette zone de la Méditerranée se transforme peu à peu en un gigantesque cimetière.

Hier matin, il est allé à la poissonnerie à l'heure où les bateaux de nuit rentrent au port. En attendant qu'on emballe son poisson, l'opticien a discuté avec les pêcheurs déchargeant le navire, il leur a demandé si la prise avait été bonne. En retirant son ciré, l'un des pêcheurs a expliqué ne plus pouvoir supporter son métier, quels qu'en soient les bénéfices. Il a décidé de prendre une retraite anticipée pour rejoindre la famille de son fils à Palerme. Ce n'est pas uniquement la peur de se retrouver en pleine mer au milieu d'un naufrage de migrants, admet-il. C'est aussi la peur de ce qu'il risque de trouver en remontant ses filets.

Un homme à lunettes, assis près du comptoir, lâche son téléphone et s'affale sur sa chaise. Ses coudes glissent sur la table, il cache sa tête entre ses mains. Les deux amis n'ont pas besoin de l'étudiant érythréen pour comprendre. L'opticien détourne le regard. Peut-être que s'ils avaient été plus rapides l'autre jour, s'il n'avait pas mis tant de temps à reconnaître les cris des naufragés, ce pauvre homme ne serait pas à Lampedusa à la recherche d'un être cher et désormais disparu pour toujours. Il aurait certainement pu être sauvé par le *Galata*. On lui aurait donné des vêtements et de l'eau. L'opticien donne un coup de pied dans son tabouret. Pourquoi les garde-côtes les ont-ils arrêtés ? Pourquoi les a-t-on forcés à faire demi-tour ? Il en reste convaincu : ils auraient pu en sauver davantage. Avec son doigt, il suit la veine au-dessus de son oreille. Elle bat toujours plus fort. Un chalutier est passé avant eux tout près des naufragés : il ne s'est pas arrêté. Comment ces gens arrivent-ils à trouver le sommeil ?

La femme à la veste Armani hausse le ton et frappe du poing sur la table.

« J'ai l'impression que le passeur demande davantage d'argent pour délivrer des informations, soupire l'étudiant. Il a *peut-être* des informations, mais seulement si elle le rétribue en retour. »

C'est un cauchemar. Tout est atroce, du début à la fin. Les funérailles nationales promises ont été transformées en une « cérémonie solennelle » à Agrigente. Les rescapés n'ont même pas été invités. Ni mausolée, ni monument commémoratif. Les cercueils ont été éparpillés dans différents cimetières en Sicile. Nul ne sait où sont enterrés les anonymes. Pourquoi avoir sorti ces dépouilles des profondeurs de la mer, les avoir amenées à la lumière si, une fois sur terre, c'est pour les perdre de nouveau ?

Et les survivants ? Il est pris de haut-le-cœur en pensant aux rescapés et à leur avenir. Quelques-uns ont noté l'adresse email de Francesco, mais il n'a reçu aucune nouvelle d'eux. Si on lui demande ce qu'il fabrique sur son ordinateur toute la journée, Francesco répond qu'il se renseigne pour un travail de charpentier. Seul son ami sait ce qu'il attend. Pauvre Francesco. Quand ils se croisent, l'opticien lui adresse un regard interrogateur et, invariablement, celui-ci remue la tête tristement.

Une rumeur circule. Les rescapés risqueraient une amende de plusieurs milliers d'euros pour être entrés en Italie. Une amende ! Sur quelle planète vit-on pour imaginer une telle loi ? Le Premier ministre est venu à Lampedusa quelques jours plus tôt, il s'est rendu au centre d'accueil. Il a vu l'état dans lequel vivent ces migrants. Le centre accueille trois ou quatre fois sa capacité. Certains réfugiés doivent dormir dehors. Il pense soudain à l'homme aux chaussons à pompon lors de la cérémonie. Où les politiciens croient-ils que cet homme cache son argent pour imposer une telle amende ? Ces gens n'ont plus rien. Ils sont totalement démunis. Ils n'ont même plus de rêves auxquels s'accrocher.

Francesco sert un deuxième *espresso* à son ami et se tapote la joue d'un air pensif. L'opticien tente de sourire, sans succès. Il n'est pas naïf. L'Europe ne peut décemment accueillir chaque personne à la recherche d'une vie meilleure. Pourtant, il doit bien exister des alternatives à cette situation dramatique. En naviguant sur internet, il a découvert que la plupart des Érythréens qui débarquent dans un pays de l'Union européenne reçoivent automatiquement le droit d'asile du fait de l'extrême pauvreté, de la guerre et de la dictature militaire qui règnent chez eux. Pourquoi alors infliger à ces personnes en détresse une épreuve aussi périlleuse ? N'est-ce pas une sélection morbide ? Si tu survis à la traversée, bingo ! tu gagnes une place en Europe ! Quand l'opticien exprime ainsi ses idées, Matteo le traite de « politicien ». La semaine dernière, autour d'une bière, son ami lui a même suggéré en riant de se présenter aux élections municipales. Mais il déteste la politique et ses manigances égoïstes. Et puis, tout cela n'a rien à voir avec la politique. Il s'agit d'humanisme. Tendre la main avant que des êtres désespérés n'entament cette traversée meurtrière. Agir avant d'en arriver là !

La femme à la veste bien taillée rassemble ses affaires dans un sac en toile et s'approche du comptoir pour régler l'addition. D'une voix douce, Francesco lui souhaite bonne chance dans ses recherches.

« Je dois prendre un vol pour Rome dans quelques heures », répond-elle en secouant la tête, dans un italien irréprochable. Elle ouvre son sac et en sort une photo.

« C'est elle que je cherche », dit-elle en la tendant à Francesco qui la tourne légèrement pour que l'opticien puisse la voir également.

C'est le portrait d'une jolie fille dans les dix-huit ou vingt ans, les cheveux courts, un grand sourire rehaussé d'un rouge à lèvres écarlate. Elle porte un chemisier échancré bleu ciel, en satin. Elle est très maquillée. Un crucifix en argent brille dans son décolleté. La femme regarde la photo affectueusement.

« C'est ma petite-cousine. La photo a été prise il y a plusieurs années, quand elle était à Asmara. Elle avait profité d'une semaine de permission de l'armée pour retrouver sa famille. »

Francesco bredouille quelques mots aimables. La femme penche la tête sur le côté. « Je ne l'ai pas vue depuis ses cinq ans. J'envoie de l'argent à sa famille plusieurs fois par an, en échange sa mère me poste des photographies. Je lui ai donné de l'argent pour fuir l'Érythrée et son oncle en Suède lui a transféré la somme requise pour la traversée. C'était sa destination : la Suède. Nous sommes presque sûrs qu'elle était à bord du bateau qui a coulé. »

Elle frissonne. La police lui a demandé d'examiner les photos des jeunes femmes noyées, mais leurs visages étaient tellement gonflés, déformés par l'eau qu'elle n'a pas eu le courage de s'attarder dessus. Et elle n'a pas reconnu sa petite-cousine.

L'opticien scrute à nouveau le visage de la jeune fille souriante sur la photo. Pomponnée comme elle est, il est facile de l'imaginer sur le point de sortir pour une soirée à Naples ou à Palerme. Peut-être a-t-elle rendez-vous avec son amoureux. Elle n'a rien des clichés associés aux réfugiés miséreux. Le genre de jolie fille qu'on croise tous les jours dans la rue. Elle est simplement née au mauvais endroit. Pauvre enfant.

Il rend la photo à la femme et, d'une voix mal assurée, les yeux baissés, lui demande le nom de sa petite-cousine.

« Saba. Elle s'appelle Saba.

— C'est un joli nom, Saba », murmure-t-il. L'opticien aurait tant aimé relever la tête, poser une main rassurante sur le bras de cette femme, et lui dire : « Excusez-moi, madame, ça y est, je me souviens de cette jeune fille. Je l'ai sauvée ! J'ai sorti votre cousine de l'eau ! » Au lieu de ça, il pivote sur son tabouret en tortillant compulsivement l'élastique de sa chaussette autour de son doigt, pendant que Francesco vide le lave vaisselle.

Non. Il n'a pas sauvé Saba. Il n'a pas non plus sauvé l'homme à la cicatrice en croissant sur la joue. Il n'a pas sauvé les treize personnes échouées sur une plage de Sicile quelques semaines auparavant. Pas une fois il ne s'est demandé si elles avaient des signes distinctifs, si l'une d'entre elles portait une bague en forme de serpent. Il a laissé ces morts glisser sur lui, comme une vague qui balaie le sable puis retourne à la mer sans laisser de trace.

La femme range la photo dans son sac, le referme et se dirige vers la porte.

« Je suis désolé ! s'exclame l'opticien en se tournant soudainement vers elle. Je suis tellement désolé de... »

La femme s'arrête, le dévisage quelques instants, indécise. Puis elle réajuste son sac sur son épaule, hoche brièvement la tête en direction de l'opticien et sort.

Cette nuit-là, il rêve qu'il est seul, debout dans une galère. Il entend le grondement des vagues contre la coque. Un gigantesque monstre marin tourne autour du navire. Il s'agrippe aux parois de bois qui vacillent sous ses doigts, comme de fragiles bâtonnets de glace. Elles se brisent entre ses mains. Par les trous formés dans la coque, il voit surgir d'épaisses écailles argentées. Il sait qu'à tout moment la gueule d'un serpent géant surgira des vagues dans un tonnerre d'écume pour s'abattre sur lui. À ses côtés apparaît soudain un homme avec une cicatrice sur la joue. L'homme souffle dans un sifflet en plastique. Fini ! Fin de partie !

Les cris de Teresa réveillent l'opticien.

11

Le *Galata* s'ébroue nerveusement, craque et mugit dans le port de plaisance. Il tire sur son mouillage et semble vouloir s'échapper de la marina. L'opticien le comprend si bien. Comme lui, le *Galata* gémit de rentrer sans avoir terminé sa mission. Comme lui, il aspire à retourner en mer pour reprendre les recherches. L'opticien flatte sa coque comme on caresserait un chien. « Fini ! » lui a ordonné le capitaine des garde-côtes, les bras en forme de croix. Fini ! Mais, pour eux, ce ne sera jamais terminé.

Il a prévenu Teresa qu'il allait à la poste. Ce n'est pas tout à fait faux. Il doit renvoyer une boîte de lentilles défectueuse à Naples et expédier des chèques. Mais il veut surtout faire un détour par le port pour voir le *Galata*. Il tente de se convaincre qu'il le fait pour Francesco. De son atelier de menuiserie à Milan, son ami serait rassuré que l'opticien veille sur son bateau. Oui, il est venu pour Francesco.

Pas âme qui vive aux alentours. Cet après-midi, un timide soleil filtre des énormes nuages blancs. Quelques reflets argentés dansent sur l'eau sombre et épaisse. À la lumière faiblissante, même la nouvelle peinture blanche de la cabine du *Galata* semble sale. D'un pas hésitant, il monte sur le pont qui penche sous son poids. Tout est en ordre pour l'hiver : coussins, ampoules, défenses et câblages sont rangés à l'intérieur, à l'abri du vent, du sel et du soleil. Sur le plat-bord, il remarque un grand vide à l'endroit où l'on range habituellement la bouée de sauvetage et tourne immédiatement son regard vers les marches à l'arrière du bateau. Instinctivement, ses mains se referment. Il serre les poings.

Soudain, il se sent seul. Sans son ami, sans eux. Ses yeux courent sur le pont. Il les revoit tous : la jeune femme au T-shirt turquoise imbibé de gazoil, assise à l'écart, seule, comme une tragique figure de proue. L'adolescent qui avait converti en short le T-shirt rose de Teresa. Ses larmes lorsqu'il traçait d'un doigt huileux sur les planches de bois le nombre de naufragés. Il réalise que paradoxalement, à bord du *Galata*, les migrants étaient en sécurité. Maintenant, il appréhende pour eux tous les obstacles de la bureaucratie des demandeurs d'asile. Leur poigne ne sera peut-être plus jamais aussi ferme que ce jour-là. Francesco a fini par recevoir un email confus et troublant de l'un des jeunes hommes. Le garçon explique qu'ils sont retenus dans un grand camp en Sicile, qu'ils ont chacun un numéro. L'opticien s'assied sur le petit banc jouxtant la timonerie. Des camps et des numéros, pense-t-il songeur.

Il se remémore les mains calleuses, les jointures saillantes des naufragés s'agrippant à lui de toutes leurs forces. Ils lui manquent. En les tirant hors de l'eau, lui aussi est revenu à la vie. Là-haut, du toit de la cabine, il a écarquillé les yeux. Ces points noirs n'étaient pas des points mais des hommes, des femmes et des enfants, de chair, d'os et de sang. Lorsqu'il a plongé son regard dans leurs yeux hallucinés, entre la vie et la mort, il n'a pas vu des étrangers. Il a reconnu leur détresse. Il a compris. Comme s'il ouvrait les yeux pour la première fois.

Du bout du pied, l'opticien nettoie une fiente de mouette sur le pont récuré. Son corps tout entier est parcouru par un frisson désagréable lorsque sa chaussure frotte contre le bois. Il grince des dents. Tous ses sens sont à vif ces temps-ci. Ce midi, il n'a pas pu manger les pois chiches dans la salade préparée par Teresa, car il sentait encore le goût de l'aluminium de leur emballage. « C'est la même marque que d'habitude », a-t-elle protesté en allant jusqu'à récupérer la boîte dans la poubelle pour la lui montrer. Le goût métallique imprégnait sa langue comme celui du sang. De dépit, sa femme a claqué le couvercle de la poubelle et balancé les couverts dans l'évier. Il a tressailli, irrité par le fracas résonnant dans la cuisine. Ôtant ses lunettes, il a pressé ses paumes contre ses paupières fermées.

Teresa semble flotter, indifférente aux journées qui s'écoulent. Elle entre et sort de l'appartement dans une constante agitation, se rend dans la chambre pour chercher quelque chose, oublie ce que c'était, ressort de la pièce, toute étourdie, titubant comme une somnambule. D'après le médecin, elle souffre d'un traumatisme. Ils ont dû se rendre plusieurs fois à l'hôpital. Peu à peu, elle se détache de tout. Rien ne semble l'atteindre ni avoir la moindre importance.

Il imagine les pensées de Teresa empilées les unes sur les autres, comme ces petits cailloux ramassés sur la plage et rassemblés dans le bocal de la salle de bains. Elle parvient visiblement à contenir ses pensées les plus sombres, mais que se passera-t-il si les cailloux sont soudain dispersés ? L'opticien a peur pour sa femme. À dire vrai, il a aussi un peu peur d'elle. Il connaît bien

Teresa et sait anticiper ses réactions. S'il lui adresse une remarque blessante, les larmes lui montent aux yeux. S'il lui annonce qu'un des garçons est au téléphone, son visage s'illumine. S'il lui chuchote au milieu d'un grand dîner qu'elle est la plus belle, elle rougit comme une écolière. Mais, depuis cette journée en mer, elle est devenue aussi imprévisible qu'un chat, se déplaçant furtivement dans l'appartement. Il s'inquiète de la voir si distante.

Or, il a besoin d'elle à la boutique. Lui oublie systématiquement les appels de courtoisie, sans parler des papiers qui s'accumulent. Il ne s'est pas occupé d'étiqueter les lunettes de soleil pour les soldes de fin de saison. Il ne fera pas de bénéfice sur ces montures. L'année dernière, cela l'aurait contrarié au point de passer des nuits blanches à calculer les pertes. Malgré ses efforts, il ne parvient plus à s'en soucier. Voilà une semaine qu'il n'a pas consulté ses comptes.

Quelques journalistes guettent encore, tels des vautours. La femme rousse est revenue à la charge. Profitant de son absence, elle est passée au magasin la veille pour harceler Teresa. L'opticien a été écœuré d'apprendre qu'elle était allée jusqu'à proposer de l'argent contre son histoire « en exclusivité ». C'est donc à ça qu'il ressemble ? Un opportuniste, prêt à vendre un témoignage sur des hommes désespérés pour quelques malheureux euros ?

Ce terme d'« histoire » dont se gargarisent les journaux pour désigner la tragédie le hérisse. Ce naufrage n'est pas un conte de fées à raconter aux enfants avant d'aller dormir. L'opticien gratte une tache de peinture blanche sur le bord métallique. Il n'y aura pas de fin heureuse. Ni pour les morts, ni pour les rescapés, ni pour eux.

Depuis la petite fête annuelle organisée par Francesco avant son départ sur le continent, il ne reste plus sur l'île que l'opticien et sa femme. Il a bien constaté qu'ils avaient tous bu plus de vin que d'habitude et qu'une forme de gravité les enveloppait ce soir-là. Elena a manifesté son agacement devant un serveur étourdi. Matteo s'est forcé à raconter quelques plaisanteries, mais le cœur n'y était pas. Leurs visages étaient marqués par les nuits sans sommeil. Après le dessert, Francesco, Gabriele et lui sont sortis fumer des cigarettes. Peu loquaces, ils se sentaient liés par un silence tacite. Tous les huit. Juste tous les huit.

L'opticien finit par envoyer un texto à Francesco. Sa vieille barcasse se porte à merveille. Il lui écrit qu'il se baladait le long des quais, qu'il a fait un détour afin de vérifier l'état du *Galata* après l'orage. Tout roule ! Tout va bien ! La

réponse de Francesco ne se fait pas attendre :
« Tu es sûr que ça va ? »

Se sentant un peu bête, il grimpe sur le toit de la timonerie. De retour à son poste. Il plisse les yeux, sonde les eaux du port. Un banc de minuscules poissons bleu métallisé se faufile entre les bateaux, visibles uniquement par intermittence, quand ils reflètent la lumière sporadique du soleil. Il retire ses lunettes. Tout autour de lui les couleurs se mélangent, les formes se confondent. Pour les myopes, le kaléidoscope du monde est empreint d'une certaine douceur, sans angles ni aspérités.

L'opticien sait qu'avant cette funeste matinée des mains suppliantes étaient déjà visibles autour de lui. Au centre d'accueil. Sur les marches de l'église. Au bord de la route où il faisait son jogging. Ces mains l'appelaient dans les journaux qu'il jetait, ces mains jaillissaient sur l'écran de télévision qu'il éteignait. Elles ont toujours été dans son champ de vision. Pourtant, il choisissait de ne pas les voir.

Il consulte sa montre et accélère le pas. Il ne veut pas arriver en retard à son rendez-vous de seize heures. Il grimace. M. Abate, le vieux batelier grincheux, qui loue des pédalos aux touristes pendant la haute saison. Sa venue est rarement une partie de plaisir. Il descend du toit de la cabine, s'arrête un instant pour écouter la complainte des bateaux et retourne sur le quai.

Sur le chemin du retour, il observe un moment le cimetière des bateaux de migrants. Une flottille de petits cadavres en bois gît sur le gravier, coques disgracieuses aux blessures béantes. Les embarcations délabrées reposent sur le côté, l'air abattu. Un frisson parcourt l'opticien. Depuis combien d'années des âmes désespérées finissent-elles ici, vidées de toutes leurs forces ? Il serre les mâchoires. Combien d'autres épaves brisées avant que l'Europe ne cesse de tergiverser et agisse ? Les cris des mouettes jouant dans les courants ascendants tourmentent ses oreilles.

M. Abate est en avance. Quand l'opticien entre dans sa boutique, le vieil homme grommelle quelque chose à l'intention de Teresa. Le sourire forcé, l'opticien le salue respectueusement. Le vieil homme est légèrement sourd, le ton de sa voix grinçant.

Il parle sans cesse pendant le test de tonométrie. L'opticien tente de mesurer la tension à l'intérieur de ses yeux.

« Un petit souffle arrive dans votre œil, monsieur Abate. »

Saisissant son ophtalmoscope, il s'approche de son client.

« Essayez de ne pas bouger s'il vous plaît,

monsieur Abate, dit-il avec douceur. J'ai simplement besoin de m'assurer que votre nerf optique est en aussi bonne santé que vous. » Le vieil homme ronchonne de plus belle.

« Pas une seule réservation pour la prochaine saison dans l'hôtel de mon frère. C'est la première fois, depuis l'ouverture il y a trente-cinq ans, que des clients ont libéré leur chambre sans réserver aussitôt la même pour l'année suivante. Que voulez-vous, les touristes sont angoissés à l'idée de tomber sur un cadavre en allant se baigner ! Ces fichus migrants sont en train de changer notre île paradisiaque en un décor de film d'horreur ! »

L'opticien penche la tête en arrière, ferme brièvement les yeux. Teresa se tient sur le seuil de la porte, les mains plaquées sur ses oreilles pour ne pas entendre les mots de M. Abate. Il reconnaît le mâchouillement inquiet de sa femme et sait que les larmes ne sont pas loin.

« Il y a quelques années, l'hôtel de mon frère avait une liste d'attente longue comme le bras. Toutes les chambres étaient réservées. Désormais, le cahier des réservations est vide. Fichus migrants, ils ruinent Lampedusa ! Les touristes préfèrent partir en Sardaigne, alors qu'ils se font arnaquer là-bas. Le tarif pour un pédalo est le double du prix ici en plein mois d'août. Plus du double ! Ils ont ruiné le commerce, ces fichus migrants. Ils ont ruiné le commerce, poursuit M. Abate avec détachement.

— Ouvrez grand les yeux, s'il vous plaît, monsieur Abate.

— Faut arrêter de parler des migrants, pérore M. Abate. C'est le problème, voyez-vous. Tout le monde concentre son attention sur eux. Chaque concert sur l'île est une levée de fonds pour les migrants. Chaque article de journal mentionnant Lampedusa parle des migrants. Il est temps de changer de disque !

—Tout a l'air en ordre, monsieur Abate », déclare l'opticien d'une voix calme. Il serre ses poings tremblants.

Teresa se tient toujours sur le pas de la porte. Sous son menton relevé, son cou est rouge. Elle lui rappelle, à bord du bateau, la femme au T-shirt turquoise trop fière pour pleurer.

Il se racle la gorge. « Maintenant je vais tester votre vision périphérique, dit-il avec courtoisie. Pouvez-vous s'il vous plaît vous concentrer sur les points lumineux ? Dites-moi quand vous les voyez.

— C'est pas notre problème, marmonne le vieil homme en se penchant sur la chaise. Pas notre problème, et pourtant ils sont là, partout.

« — Dites-moi quand vous voyez les points lumineux, monsieur Abate. C'est important.

— Quel rapport avec nous, franchement ? Ces gens n'ont rien à voir avec nous.

— Monsieur Abate ? Les points lumineux ! »

Une porte claque, tous deux sursautent. L'opticien lève les yeux juste à temps pour apercevoir Teresa de l'autre côté de la fenêtre. Elle court en direction du magasin de Giulia, le visage écarlate d'avoir retenu ses larmes. Il retire ses lunettes, se masse les yeux, expire longuement. Elle a sûrement oublié que Giulia et Gabriele ont quitté Lampedusa la semaine dernière.

« Qu'est-ce que c'est ? s'exclame M. Abate en tâtonnant sur la table à la recherche de ses lunettes. Merde, qu'est-ce que c'est ? »

L'opticien remet ses lunettes et se frotte les mains.

« Un coup de vent, monsieur Abate, réplique-t-il d'un ton rassurant en dirigeant le visage du vieil homme vers le repose-menton. Un simple coup de vent. »

12

Si le vent s'était levé. S'il n'avait pas été qu'une simple brise. S'il avait provoqué la mer jusqu'à déchaîner sa colère, soulevant des vagues furieuses. Si seulement…

Combien de fois a-t-il été tenté de réécrire l'histoire au cours des douze derniers mois ? Un an après la tragédie, l'opticien tourne ces hypothèses en boucle dans sa tête la nuit quand il n'arrive pas à dormir. Il y pense devant l'écran de son ordinateur au bureau, en faisant ses courses, dans la salle d'attente de l'aéroport. Cruel jeu de l'esprit jamais en paix.

Si le vent s'était levé, Francesco aurait téléphoné au magasin pour annoncer que la mer était trop agitée. Il aurait proposé de reporter leur excursion à la semaine suivante. Si l'opticien avait trébuché sur le pavage inégal de la Via Roma au retour de sa course, s'il s'était foulé la cheville… il n'aurait pas embarqué en béquilles.

Si Maria ne leur avait pas proposé de sortir dîner, s'il s'était laissé tenter par les dernières sardines du poissonnier, peut-être seraient-ils tombés malades. Alors, il aurait appelé Francesco pour les excuser. S'il n'avait pas pris la mer ce jour-là, il aurait passé le week-end à trier les lunettes de soleil invendues, à préparer les soldes. Peut-être en aurait-il tiré un petit bénéfice. Un an après, il aurait pu aider son fils à acheter un magasin. Ses cernes ne seraient pas si sombres, il arriverait à dormir et sa femme ne se réveillerait pas en hurlant et en suffoquant en pleine nuit. Si seulement…

Mais qu'advient-il des naufragés dans ce « si seulement » ? chuchote une voix dans sa tête. Si lui n'avait pas pris la mer ce jour-là, eux auraient tout de même embarqué. Leur bateau aurait chaviré. Il les imagine hurlant dans les vagues. Sans personne pour les entendre. Sans personne pour agripper leurs mains puisque les siennes seraient occupées à composer le numéro de Mme Maggiorani pour lui rappeler son test de vue la semaine suivante, ou à coller des étiquettes promotionnelles sur les lunettes pour femme.

Non. Les cartes ont été distribuées, pas question de fausser la donne. Il doit l'accepter. Il ne quittera pas la partie pour redevenir un simple spectateur. Pourtant, parfois il voudrait cesser d'y penser. Retrouver sa tranquillité d'avant. Quand son moral n'était pas soumis aux caprices des marées. Quand il ne passait pas son temps à chercher des réponses, à se creuser la tête à coups de « si seulement » jusqu'à en pleurer d'épuisement. Si seulement...

Pour l'amour du ciel ! L'opticien ouvre le robinet, passe son visage sous le jet d'eau froide, le souffle court. « Reprends-toi, se murmure-t-il en cherchant la serviette. Reprends-toi ! » Ainsi vont les choses. Cette journée s'annonce aussi belle que triste, pense-t-il en commençant à se raser. C'est le premier anniversaire du naufrage. Trois des rescapés reviennent sur l'île pour les rencontrer. Il regarde sa montre : dans deux heures ils seront réunis. Moins de deux heures. Il sent son estomac se nouer.

Il entend chanter. Intrigué, l'opticien pose son rasoir, entrebâille la porte de la salle de bains. C'est la voix de Teresa qui accompagne Madonna à la radio. Il jette un œil dans la chambre. Teresa fait le lit, retape les oreillers au rythme de la musique, en dansant doucement. Ses gestes sont légers, presque joyeux.

« La la la, la la la la la... »

Aurait-elle retrouvé un peu d'insouciance ? Cette année a laissé des séquelles. Tout l'hiver, les cauchemars l'ont hantée, elle a perdu l'appétit. Elle a commencé à remonter la pente à l'arrivée des beaux jours. Aujourd'hui encore, elle se réveille en pleine nuit, s'étouffant jusqu'à griffer les draps. Par bonheur, cet été, son rire est réapparu. Maintenant, la voilà qui chante.

« La la la, la la la la la ! »

Évidemment, la mélodie est inepte, mais il se surprend à chantonner lui aussi et il pense à la tête que ferait Matteo s'il le voyait.

En même temps qu'il soigne sa barbe poivre et sel naissante, il remarque combien ses cernes sont noirs et son visage émacié. Il est amaigri mais reste vigoureux, se dit-il en faisant rouler ses épaules et en étirant ses pectoraux. Il doit garder son calme et contrôler ses émotions, pour le bien de Teresa. Au moment où il sort de la salle de bains, il l'aperçoit virevoltant dans le couloir. Ils se sourient tendrement et partent rejoindre leurs amis.

Malgré le ciel maussade, il fait suffisamment chaud ce matin pour s'asseoir en terrasse. Maria, Matteo et Francesco sont déjà là. Francesco a passé trois jours à astiquer le *Galata*. À mettre une nouvelle couche de peinture, à frotter les traces de sel sur les housses et la vase sur les défenses. Le vieux rafiot est comme neuf. « Prêt à les accueillir comme des rois ! » s'exclame Francesco. Cet après-midi, ils emmèneront les rescapés sur les lieux du naufrage pour une cérémonie en mémoire de ceux qui ont péri là-bas. Dans la cuisine de Maria, des gerbes éclatantes de fleurs jaunes et blanches attendent d'être jetées à la mer.

Prendre la mer ne l'inquiète pas. Depuis le naufrage, il a navigué à plusieurs reprises, à Naples comme ici. Cet été, ils ont sorti le *Galata* avec Francesco pour aller pêcher au large de la plage des Lapins. Il ne nie pas qu'il scrute la surface de l'eau avec plus d'intensité qu'auparavant, mais il ne panique jamais. En revanche, jusqu'à ce jour, ils n'ont pas repris la mer tous ensemble. Sous l'excitation couve un sombre présage. Il ne peut s'empêcher de redouter que l'histoire se répète. Il plie et déplie sa serviette avec anxiété. Et si la mer décidait de leur jeter un nouveau défi ?

Giulia et Gabriele arrivent à leur tour. Elena les talonne et se penche pour voir les pâtisseries exposées dans la vitrine. Elle hésite, se demande lesquelles choisir. L'opticien regarde sa montre et presse ses amis de terminer leurs cafés sans traîner s'ils veulent être à l'hôtel de ville pour dix heures trente. Pas plus qu'à l'aéroport, ils ne peuvent faire attendre les réfugiés. Il faut être là au moment de leur arrivée. Cela fait des mois qu'on espère ce moment, pense-t-il en remuant nerveusement sa jambe.

Francesco leur rappelle qu'une conférence aura lieu à la mairie avant la cérémonie en mer. L'opticien exprime son dégoût. Ces rassemblements l'exaspèrent. Il imagine déjà la salle remplie de représentants italiens et européens déversant leur émotion, s'attristant des nouveaux naufrages, hochant la tête à l'évocation des cinq cents noyés au large des côtes maltaises le mois dernier. Oui, c'est terrible, mais que font-ils pour y remédier ? Ses doigts tambourinent sur la table. La Marine italienne avait à peine démarré le programme spécial recherche et sauvetage *Mare Nostrum* que le gouvernement l'avait interrompu. Le programme est trop coûteux pour le financer sans l'aide des voisins européens. Non. Mieux vaut qu'il n'assiste pas à cette conférence. Il ne peut plus supporter ces fausses promesses. Teresa pose une main apaisante sur son genou. L'opticien respire profondément. Peu importe, aujourd'hui sera un jour heureux ! Elena insiste pour partager les gâteaux qu'elle est allée chercher.

« Tu devrais manger un peu plus », le taquine-t-elle en lui présentant un plateau appétissant. Il choisit un biscuit aux amandes encore tiède. Le biscuit s'émiette dans sa bouche, il tousse et laisse échapper une larme, suscitant l'hilarité générale.

Maria a apporté la lettre envoyée par la mairie, avec le programme de la journée. Elle lit à haute voix. Après avoir rencontré le pape à Rome, les rescapés atterriront sur l'île, accompagnés de quelques proches des victimes. La conférence sera suivie d'un déjeuner. Puis une flottille de bateaux ira en pèlerinage sur les lieux de la tragédie. L'opticien fait la moue. Au risque de paraître égoïste, il préférerait échapper à ces mondanités et profiter d'un moment privilégié avec les rescapés. Il sait que ses amis partagent son sentiment. Gabriele a la mine renfrognée. Francesco regarde les nuages d'un air désapprobateur. Le ciel est effectivement chargé.

Sur le chemin de la mairie, l'opticien prend le bras de Teresa. Il espère que ces retrouvailles guériront sa femme. Devant les bureaux du maire, des amis d'Elena membres d'une ONG locale préparent une manifestation. Il jette un œil sur les pancartes et bannières à moitié roulées, fabriquées à partir de vieux draps.

À l'entrée de l'hôtel de ville, une employée à la mine fatiguée raye leurs noms sur une longue liste. «Tout le monde est là», dit-elle en montrant une imposante porte en chêne sur la droite.

L'opticien s'arrête, les doigts sur la poignée,

le cœur battant. Il hésite, se tourne vers ses amis, lit l'excitation et l'appréhension sur leurs visages. Ironie du sort, ce sont eux qui attendent tant de ces réfugiés démunis de tout ! Parfois, dans ses rêves, il voit des mains blanches sortir de l'eau. Pas noires. Il appuie en vain sur la poignée jusqu'à ce que Teresa finisse par ouvrir la porte en grand.

La pièce est étroite, remplie d'hommes en costume et de jeunes Africains en T-shirt, jean et baskets. Sur une longue table à tréteaux sont disposées des carafes de jus de fruit et des thermos de café. L'un des pêcheurs ayant participé aux recherches tient délicatement une tasse à *espresso* d'une main rougeaude. Un adolescent se précipite dans les bras de Teresa. Ils s'embrassent comme une mère et son fils. Surexcité, le garçon parle à toute allure. Il veut lui montrer quelque chose.

« Regarde ! dit-il en brandissant un morceau de tissu. Regarde ! »

L'opticien reconnaît immédiatement le T-shirt rose vif de Teresa. Sur le pont du *Galata*, nu comme un ver, le garçon l'avait porté en guise de caleçon. Teresa prend le visage de l'adolescent entre ses mains. Même après être passé dans Dieu sait combien de camps de réfugiés et de centres d'accueil, il n'avait pas voulu s'en séparer ! Il l'avait précieusement gardé en souvenir. Elle serre vite le garçon contre elle pour dissimuler ses larmes.

Maria et Gabriele s'exclament quand deux des rescapés leur tendent une feuille de papier. Le plus âgé a une trentaine d'années. Il leur explique avec ses quelques bribes d'italien que c'est un cadeau pour ceux qui leur ont sauvé la vie. « Ce n'est pas grand-chose, ajoute-t-il embarrassé en posant la main sur son cœur, mais nous l'avons fait avec amour. » L'opticien s'avance pour mieux voir le dessin au tracé fin. Venue d'en haut, une main en attrape une autre sortant de l'eau.

L'homme leur apprend qu'il était professeur en Érythrée. Quel étrange métier que celui d'enseigner à des enfants sans avenir ! Grâce à un singulier mélange de rudiments d'italien et d'anglais, ils parviennent à reconstituer le parcours des réfugiés à la manière d'un jeu où chacun participe et propose des mots. L'opticien comprend que les trois rescapés vivent désormais en Suède, comme la plupart de ceux qu'ils ont sauvés. Ils attendent que leurs demandes d'asile soient acceptées pour chercher un emploi, commencer une nouvelle vie. Pour l'instant, leurs destins sont suspendus à des imbroglios administratifs. La Suède est magnifique, il y fait très froid mais ils ne se plaignent pas. L'opticien est taraudé par une question qu'il pose maladroitement : « Qu'est-il arrivé à la jeune femme au T-shirt turquoise ? » Les trois hommes échangent quelques mots dans leur langue avant d'expliquer qu'elle est probablement en Norvège. L'opticien sent son corps flancher imperceptiblement.

Un haut-parleur annonce que la conférence va débuter. Francesco donne rendez-vous aux trois hommes sur le port pour la cérémonie en mer après le déjeuner. Il leur explique qu'ils monteront tous ensemble à bord du *Galata*. Le jeune homme serre le T-shirt de Teresa contre lui, se balance d'un pied sur l'autre en se mordant la langue. Ses deux compagnons expliquent qu'il a failli ne pas venir tant l'idée de retourner en mer l'effraie. L'opticien lui prend la main et montre le dessin. Inquiet, le garçon le regarde dans les yeux. Puis son visage se détend. Il hoche la tête, confiant.

L'après-midi est déjà avancé lorsqu'ils larguent les amarres. L'opticien se méfie du ciel chargé de nuages gris. Sur le pont, Maria et Teresa sont assises de chaque côté du jeune homme et lui prennent les mains. La première fois qu'ils ont navigué après le naufrage, Teresa a souffert de mal de mer. Cette fois-ci, elle paraît apaisée. Et lui commence à se détendre.

Une fois à bord du *Galata*, le professeur

érythréen se tait. Il se tient à la proue face au vent, le regard fixé devant lui. L'autre jeune homme, casquette de baseball vissée sur le front, s'assied contre la bouée de sauvetage dont il triture la corde. L'opticien lui adresse un signe encourageant en levant le pouce. Le jeune homme lui rend son geste avec un timide sourire. De chaque côté du *Galata*, des bateaux de pêcheurs et des garde-côtes provoquent de légères vagues.

Lorsqu'ils arrivent sur le site, l'opticien ressent un mélange de honte et d'indignation. Lampedusa est si ridiculement près. La côte est là, émergeant grossièrement de la mer. Il imagine ces hommes et femmes sur le point de se noyer, nargués par cette terre toute proche, promesse d'un salut. Trois cent soixante-huit personnes sont mortes ici, à moins d'un kilomètre du bord. Il enfouit son visage dans ses mains. Gabriele pose une main fraternelle sur son épaule.

Le bateau des garde-côtes émet deux longs coups de sirène, annonçant le début de la cérémonie. Les trois rescapés saisissent chacun un bouquet préparé par Maria, puis se tournent face à la mer. Ils commencent à prier dans leur langue, moitié en chantant, moitié en psalmodiant. Pour contrer le balancement de la houle, les hommes s'appuient contre le plat-bord. Ils jettent les fleurs à l'eau en poussant un cri. Le plus âgé sort de la poche de son jean quelque chose ressemblant à du sable, peut-être du riz, qu'il partage avec ses compatriotes. Ils récitent une autre prière et dispersent les grains parmi les vagues, tête baissée.

En voyant leurs dos secoués de sanglots, l'opticien se remémore une fois de plus la cérémonie dans le hangar de l'aéroport. Leurs vêtements et leurs chaussures dépareillés, les cercueils étincelants disposés avec une précision militaire. Les oursons en peluche, au sourire figé, assis sur les minuscules caisses blanches. La femme aux doigts brûlés, sa vie ruinée, dévastée.

«Viens, dit le jeune homme en regardant l'opticien dans les yeux. Viens avec nous.»

Ils se donnent la main, face à la mer. Lorsque les trois hommes recommencent à prier, l'opticien se sent bien. Sa main droite tient celle de l'adolescent, la gauche serre celle de Teresa. Il ne voit plus les garde-côtes, ni les bateaux de pêche, ni les journalistes. Il ne sent que la présence de ces personnes autour de lui. Le calme. Les battements de cœur de ses amis et des réfugiés résonnent en lui.

L'adolescent se tourne, lâche sa main et lève l'index. «Aujourd'hui, j'ai un an.» Il désigne l'opticien, puis la mer. «Là-bas, j'étais mort. Ici, j'ai recouvré la vie.»

Les premières gouttes de pluie font leur apparition au moment où ils rentrent au port. Ils saluent les réfugiés sur le quai sans verser de larmes, heureux de les retrouver le lendemain après-midi. Cette fois, personne ne leur interdira de se voir. Comme une grande famille, ils se séparent en s'embrassant. Pourtant, il ne peut s'empêcher de se retourner pour les regarder partir, soucieux de leur sécurité.

Il fait quasiment nuit lorsqu'ils finissent de ranger le *Galata,* sagement ancré à son point de mouillage. Alors que Matteo et Gabriele réclament une bière, les nuages éclatent dans un torrent de pluie. Les amis courent se mettre à l'abri dans un bar minable, agressés par les néons et la musique. L'opticien pousse du coude Teresa en reconnaissant la voix de Madonna qu'il imite exagérément pour la faire rire.

Une seconde bière succède à la première. Lorsque l'opticien consulte sa montre, c'est l'heure de l'*aperitivo* : il serait inconcevable de ne pas lever un verre de vin à cette journée.

« Monsieur Méticuleux se décontracte ! » s'exclame Maria.

Quand ils quittent enfin le bar, quelques nuages s'attardent dans le ciel, voilant délicatement la lune. Pas un souffle de vent. La tête penchée en arrière, l'opticien observe les étoiles, l'esprit délicieusement engourdi par l'alcool.

Bras dessus bras dessous, les huit amis marchent vers la Via Roma en riant aux éclats. L'opticien se penche pour voir ses camarades et leur lance plein d'entrain : « Si le vent ne se lève pas, que diriez-vous de sortir le *Galata* demain soir ? Pour voir le lever de soleil dimanche matin. Des mini-vacances d'octobre ! »

Un murmure d'approbation s'élève de cette joyeuse farandole.

« Juste tous les huit. Si le vent… »

ÉPILOGUE

Vous me demandez pourquoi je ne donne pas d'interviews. Vous me demandez pourquoi je n'aime pas faire le récit de cette histoire. Si moi- même je n'arrive toujours pas à y croire, comment le pourriez-vous ? Vous ne pouvez pas comprendre. Il n'y a que nous huit qui pouvons vraiment comprendre. Voyez-vous, nous étions huit sur ce bateau. Juste huit. Avec une seule bouée de sauvetage.

Je les voyais tous les jours. À la télévision, en photo dans les journaux, j'entendais leurs voix à la radio. Pourtant, je n'ai jamais fait attention. Je n'ai pas tendu la main. Pas avant ce jour en mer.

Quarante-sept. Nous en avons sauvé quarante-sept. Nous n'avons pas pu les sauver tous.

Je n'ai pas voulu jouer au héros. Quand je repense à cette journée, je me sens minuscule. Insignifiant. Je me souviens seulement des mains agrippées aux miennes, des doigts soudés. Je me souviens aussi des mains qui ont glissé, disparues à jamais.

Les cauchemars reviennent en rampant. Les mains huileuses et glissantes disparaissant sous l'eau. Les cris bestiaux que j'avais pris pour des mouettes, assourdis puis étouffés par les vagues. Ces cauchemars nous hantent tous les huit.

J'étais en mer ce jour-là. Demain, je serai en mer de nouveau. Cela arrivera encore, un autre jour, un autre bateau. Il y aura davantage de mains, de corps battant l'eau, de voix suppliantes. Désormais, à chaque fois que je prends la mer, je les cherche. Je guette, le souffle court, les yeux rivés sur le frémissement de l'eau, sur l'ombre des vagues.

REMERCIEMENTS

Je tiens à remercier l'opticien de Lampedusa, Carmine Menna, ainsi que sa femme Rosaria. Ils m'ont fait confiance, ont accepté de me parler de la journée la plus éprouvante de leur vie. Leur histoire me hante, mais leur courage me guide. Merci aussi à Alessandra Maggiorani de m'avoir accompagnée de bout en bout avec autant de patience.

Ce livre est né d'un reportage pour l'émission PM de la BBC Radio 4. Merci à Eddie Mair, Jo Carr et Emma Rippon. Je suis reconnaissante au Prix Bayeux-Calvados, qui rend hommage aux reporters de guerre, d'avoir récompensé mon reportage. Cela a permis à mon éditrice Jeanne Pham-Tran de le découvrir. Je la remercie pour son intuition, son travail assidu et ses encouragements. Merci également à Mathias Mézard pour sa traduction minutieuse et sensible.

Ma gratitude va à celles et ceux qui m'ont aidée dans mes recherches, en particulier à Rajeev Kurani, Gaim Kibreab et Efrem Gebreab ainsi qu'aux membres de la Chapellenie Gheez - Rite érythréenne catholique d'East Acton.

Merci à mes chères amies Janet Skeslien Charles et Sam Upton pour avoir retravaillé mes premiers brouillons avec enthousiasme, dévouement et perspicacité : je vous dois énormément à toutes les deux.

Enfin, je tiens à remercier du fond du cœur Denis Bernard pour son indéfectible soutien. Un immense merci aussi à mes merveilleux parents et à AB : votre énergie positive et votre amour m'aident à toujours aller de l'avant.